U0129302

民國以來犯罪矯治制度評述

周震歐 著

文史哲學集成

文史哲出版社印行

國家圖書館出版品預行編目資料

民國以來犯罪矯治制度評述 / 周震歐著.--
初版.-- 臺北市：文史哲, 民 104.09
頁；　公分（文史哲學集成；679）
ISBN 978-986-314-276-8（平裝）

1.獄政　2.犯罪矯正　3.中華民國

589.8　　　　　　　　　　104018748

文史哲學集成 679

民國以來犯罪矯治制度評述

著　　　者：周　　　震　　　歐
出 版 者：文　史　哲　出　版　社
http://www.lapen.com.tw
e-mail：lapen@ms74.hinet.net
登記證字號：行政院新聞局版臺業字五三三七號
發 行 人：彭　　　正　　　雄
發 行 所：文　史　哲　出　版　社
印 刷 者：文　史　哲　出　版　社
臺北市羅斯福路一段七十二巷四號
郵政劃撥帳號：一六一八○一七五
電話886-2-23511028・傳真886-2-23965656

定價新臺幣二四○元

二○一六年（民一○五）五月初版

民國以來犯罪矯治制度評述

　　矯治制度係國家刑罰執行，由於犯罪學智識發展，從往昔消極的處罰、監禁、威嚇等；採取醫療模式（Medical Model），對犯罪行為實施矯治、感化、輔導；因之，監獄、看守所、輔育院等，稱之為犯罪矯治機構。監所業務原為刑事訴訟過程之偵查、審判之餘事，以朝向積極性、科學化的行為復健（Rehabilitation）。

　　我國亦隨時代潮流演變，矯治制度應運而生；進而為保持犯罪行為矯治效果，犯罪人再整合入社會（Integrated into Society），產生更生保護制度，形成完整現代化體系。

2　民國以來犯罪矯治制度評述

民國以來犯罪矯治制度評述

目　　次

6 民國以來犯罪矯治制度評述

第一章　矯治機構發展

　　矯治制度前身為監所制度，監獄係執行刑罰處所，看守所為羈押刑事被告所在，由於責重事繁，位卑俸微，屬於地方政府，府、州、縣所管轄，清末國勢日弱，弊竇叢生，為列強擁有領事裁判權之藉口。光緒年間，始有改良監獄之議。先以培育人才，於光緒卅一年，乃創辦京師法律學堂內附設監獄專修科，聘日本小河滋次郎主講監獄學，繼而起草監獄律草案，凡二百四十條。桐派許世英、徐謙二氏赴美華盛頓出席第八次國際獄務會議，更積極奏請改良監獄。並次第設立京師模範監獄，迨至武漢首義，清室傾覆，民國肇始，對獄政興革，尤加注意，茲分數個時期，簡述如後：

第一節　北京政府時代

　　就監所行政監督體制而言，此一時期係為委任監督時期。司法部於民國 2 年 1 月 22 日公布「司法籌備處辦事章程」，其中第 2 條規定：「司法籌備處直接隸於司法總

長，專籌辦該省未設之法院監督各事宜。」第 11 條規定：「籌備處分設二科」，第一科職掌包括本處職員及未設法院各縣幫審管獄各員之任免，新法院監獄之職員呈請任用兩項，第二科職掌包括設置或改良監獄、司法及監獄教育兩項。第 15 條規定：「籌備之監獄，自成立之日起，劃歸該省典獄長管理。」

司法部於民國 3 年 6 月 9 日咨山西巡案使（後改為省長），河東監獄歸河東道尹監督，其時因地方檢察廳裁撤；繼而於民國 3 年 7 月 1 日公布「巡按使委任道尹監督司法行政辦事權限暫行條例」，該條例第 2 條規定，道尹在「該管區域內兼理承審管獄之用撤獎懲。」又依據省官及道官制之規定，省長受政府特別委任，而道尹受省長委任，監督轄區內之司法行政事宜。

司法部於民國 6 年 1 月 26 日令頒「京兆尹公署，京師高檢廳監督京兆尹第一、第二監獄暫行規則」，內容有：獄員之任免，由京兆尹辦理，獄員獎勵、懲戒得由京師高等檢察廳咨商京兆尹公署辦理；報表按規定由高等檢察廳轉部，并分報京兆尹公署。監獄興革由高檢察廳核辦，咨京兆尹公署查照；監獄作業由京兆尹公署察酌辦理；監獄經費由京兆尹財政廳發給。至於各省設有審判檢察廳者，司法部於民國 2 年 10 月 4 日令各省高等審判檢察廳：「所有司法籌備處應辦事宜，應分別改歸審判檢察廳辦理或會同辦理」。令文內有「未設法院各縣官獄員任免獎懲，新法院檢察及新監獄職員呈請任用，設置或改良

監獄及監獄教育」等事項。

司法部於同年 12 月發布「監獄規則」，其第 1 條即明定「各高等檢察長，由司法部委任監督各該區內各監獄。」民國 8 年 8 月發布之「高等檢察廳辦事章程」規定：「檢察長總理本處一切事務，並指揮監督廳員，及所屬各所縣監所應辦事務。」並於書記室內設監獄科，承辦其事務。

司法部於民國 8 年 5 月 7 日，發布「各監獄看守所規則」，其第五條規定：「管獄員受縣知事之指揮，掌管監所事務，同負完全責任。」北京政府依臨時約法，改法部為司法部，典獄司為監獄司，任田荊華（日本警監學校畢業）為監獄司長，掌理全國獄政；民國元年 11 月北京模範監獄，改設北京監獄，任玉元增為典獄長，後繼任為監獄司長，制訂監獄各種法規。重要者計有：監獄處務規則、監獄建築圖式、監獄專科學校規程、看守所暫行規則等。

第二節　訓政時期

民國 16 年北伐成功，國民政府奠都南京，遵照國父遺教，成立五院制之中央政府。司法院於民國 17 年修正公布「各省高等法院院長辦事權限條例」，於第四條第十五款規定有權監督所屬各監所一切事項，及第 16 款任、

免、獎、懲監所職員事項。是以各省高等法院改訂之「暫行處務規程」亦作相關之規定。司法院於民國 24 年 6 月 28 日公布之「高等法院及分院處務規程」中，明定院長職權中有監督監獄、看守所之權，並規定書記室設監獄科及其職掌等。

民國 17 年 9 月 21 日國民政府司法部先後公布監獄處務規程及監獄教誨師、教師、醫士、藥劑士處務規則，同年 10 月 4 日公布監獄規則。民國 18 年 4 月 29 日有假釋管束規則，同年 5 月公布視察監獄規則及監獄作業規則。

民國 34 年抗戰勝利前，又有徒刑人犯移墾暫行條例、保護管束規則、監所職員獎懲辦法、徒刑人犯移墾實施辦法、移墾人犯累進辦法及移墾人犯減縮刑期辦法，以及解送人犯辦法。以上可以看出，訓政時期抗戰期間政府司法部門，仍在監獄行刑、獄政組織、監所實務等方面，充實法規制度。其中尤以監獄規則明定：全國監獄皆屬司法行政部管轄，監獄為監禁刑法被處徒刑、拘役者之所，未滿十八歲之未成年人，須監禁於幼年監，此外男監、女監、徒行監、拘役監等，在同一區域內者，嚴為分界。監獄本身組織，設有典獄長督率綜管全監事務，以下分設第一、二、三科，教務、醫務兩所，各科設主科看守長，各所設主任，分別主管各項事務。

司法行政部處務規程第九條規定設監獄司，掌理一切監獄事務。國民政府成立以來，新式組織監獄增設十八處，分監計四處。國民政府有於訓政時期工作分配年表

內，亦曾有分年籌建新監計劃，大別為普通監、少年監、外役監、肺病監及精神病監數種，每省自七、八所至十餘所不等。民國二十五年，復新定計劃，先在首都、上海、西安、北平、漢口、廣州六處，各設二千人以上四千人以下監獄一所，收容七年以上之人犯，歸司法行政部直轄，一切設施，採用新制，樹立全國模範。其餘各省監獄，歸高等法院監督。各縣舊監，一律改為看守所，代執行短期徒刑人犯。民國 30 年更擬具戰後建築新監 10 年計劃，由部直轄者名曰實驗監獄，除上海不設外，成都、洛陽各設一所，次曰普通監獄，收容二十五歲以上人犯，依各省犯罪人數多寡而設;；次為少年監，每省一所；再為累犯監，對累犯實施特別處置，每省一所，即就普通監指定：肺病監係普通監完成，再行籌劃，雖行呈准，惟因抗戰勝利復員，繼以戰爭，時局不安，未能實現。截止民國 36 年，全國共成立新監一百七十二所，較北京政府時期，增加一百餘所。

第三節　憲政時期

民國 34 年，抗戰勝利還都，司法行政部整頓全國司法監獄，35 年制定監獄行刑法、監獄條例、行刑累進處遇條例、羈押法、看守所條例等五種法律，於同年 1 月 29 日公布，次年 6 月 10 日施行。以限於經費預算，增員

困難，乃就上海、北平等處監獄，先行改制，以次普及全國。至於各縣舊監，附於看守所，所長兼任監長，廢主管獄員名稱；凡各縣成立地方法院者，同時成立新看守所；嗣因戰火擴大，民國 38 年政府遷臺，改革獄政，實施新法，始著手積極進行。

日據時代臺灣之監獄、看守所，均係於西元一八九五年至一九四五年間所建築。有台北刑務所（監獄）暨台北刑務所宜蘭支所、台北刑務所花蓮支所、台中刑務所、台南刑務所、暨台南刑務所嘉義支所、台南刑務所高雄支所、新竹少年刑務所，計有四個刑務所，四個支所；光復初期改為四個監獄、四個分監。而看守所均附設於各地監獄及分監內。而監獄名稱亦從臺灣第一監獄（台北）、第一分監（宜蘭），第二分監（花蓮），臺灣第二監獄（台中），臺灣第三監獄（台南）、第一分監（嘉義）、第二分監（（高雄）等，改為臺灣台北監獄，臺灣宜蘭監獄，臺灣花蓮監獄，臺灣新竹少年監獄，臺灣台中監獄，臺灣台南監獄，臺灣嘉義監獄，臺灣高雄監獄。

各地方法院看守所原附設於各監獄內，由典獄長兼任所長，分界監禁，司法行政部因兩者性質不同，乃決定分期劃分；第一期於民國 41 年台北、台中、台南三所成立，第二期就新竹、嘉義、屏東三處劃分，第三期於 43 年為花蓮、台東、宜蘭三所設立，於是完成監所劃分計劃。

為因應臺灣都市發展，人犯增加，刑事政策需要，司

法行政部（於民國 69 年 7 月 1 日改制為法務部）曾改建、遷建、興建犯罪矯治機構 —— 監獄、看守所、少年輔育院、少年觀護所、強制工作處等，迄止民國八十年底，計有臺灣台北監獄、臺灣台中監獄、臺灣嘉義監獄、臺灣台南監獄、臺灣高雄監獄、臺灣花蓮監獄、臺灣宜蘭監獄、臺灣台北看守所、臺灣台中看守所、臺灣台南南看守所、臺灣花蓮看守所、臺灣宜蘭看守所等，均因都市繁榮，於郊區覓址遷建完成。

新建之矯治機構有：臺灣桃園監獄、臺灣雲林監獄、臺灣屏東監獄、臺灣台東監獄、臺灣綠島監獄、臺灣基隆監獄、臺灣澎湖監獄、臺灣武陵外役監獄、臺灣明德外役監獄、臺灣自強外役監獄、台北監獄樂山分監、桃園第一分監、臺灣台中監獄草屯分監；臺灣泰源技能訓練所（依技能訓練所組織條例設立），台北士林看守所、臺灣台中看守所、臺灣彰化看守所、臺灣雲林看守所、臺灣嘉義看守所、臺灣高雄看守所、臺灣屏東看守所、臺灣台東看守所、臺灣澎湖看守所、臺灣桃園少年輔育院、臺灣彰化少年輔育院、臺灣高雄少年輔育院三（依輔育院條例設立）；臺灣台北少年觀護所、臺灣台中少年觀護護所、臺灣台南少年觀護所、臺灣高雄少年觀護所（依少年觀護所條例及）及福建金門監獄等，先後因人犯增加，專業分監管理、少年事件處理、保安處分執行等需要而設立。至於就原址改建者有臺灣新竹少年監獄、臺灣新竹看守所及臺灣基隆看守所。其他尚有臺灣新竹、彰化、雲林、嘉義、

屏東、台東、花蓮、基隆八個少年觀護所，附設於各地看守所內，分界收容少年刑事被告及管訓事件少年。

　　政府遷臺後，司法行政部仍因襲過去監督體系，雖然監獄條例（後修正為監獄組織條例）規定：監獄隸屬於司法行政部，但委由臺灣高等法院監督。於民國 61 年 10 月 11 日收回臺灣高等法院之行政監督權，由部直接行使。民國 69 年 7 月 1 日實施審檢分隸，司法行政部改制為法務部，法務部於監獄組織條例修正時，明定為監獄主管機關，法務部內之監所司，為部內幕僚單位。

評

　　犯罪矯治機構，從刑事訴訟程序觀點言，整個刑事訴訟，由檢察官偵查開端，起訴後法院擔任刑事審判，判決有罪，處以刑罰，尤其自由刑普遍採用，則由監獄官員執行刑罰。偵查、審判、與執行形成刑事訴訟程序三大環節。偵查在於毋枉毋縱，使每一犯罪人，均受到追訴；審判目的達到公平的結果，罪刑相當；宣判刑罰，使社會正義得以伸張，然而刑罰的執行，冀以「刑期無刑」的行刑功效。犯罪人經由刑罰處罰，改悔向上，重做新人，發揮國家刑罰權的效能。設或偵查、審判、均達到要求，而刑罰執行，未能發生功用，則整個刑事訴訟程序中所費之財力、人力，將成為烏有。可惜我國歷史傳統上，刑事案件均以偵查、審判為重心，重視檢察官與法官工作，忽視刑罰執行工作，因之監獄官在社會上，不為人所尊重。稱為「牢頭禁子」，在平劇裡角色，所描繪臉譜，滑稽突梯，

小丑表現；以剋扣囚糧，凌虐人犯，收受紅包等世人惡劣印象，造成今日犯罪矯治工作，為年青有為者所不屑為。

記得有一次中央警官學校獄政系學生，向余訴說，其有位女朋友相交已久，始終未告知其所讀科系，現在感情日熾，將論及婚嫁，對方詢及所讀科系及未來出路，成為非常為難心理，深恐一旦告知其所讀科系為獄政系，未來在監獄、看守所服務，由於社會上一般觀念，對此一工作的蔑視，女孩子會掉頭而去。由此可見，獄政工作人員所承受的歷史包袱，我為獄政界矯正社會觀念，提升獄政人員社會地位，在臺灣大學任教時，立意向學生說明現在擔任工作為臺灣台北監獄典獄長，學生們聽後，不覺自然而然反應說：「不像嗎！」此句已意含著一般觀念的對獄政人員看法與角色。傳統上刑罰執行的要求，是關牢人犯，使之受苦，因為刑罰本質是有痛苦成份，執行刑罰人員的條件，是看牢人犯的粗壯身體，不致脫逃，殘忍性格加之於痛苦，不需有知識教育的人足以當之。何以走上大學，尤其是自認為一流大學教壇。

現代化犯罪矯治工作，亦即刑罰執行，國家刑罰權行使，由於行為科學智識成長，犯罪學理論的研究，犯罪人犯行為的改變科學方法，產生甚多矯治模式，非深諳犯罪學者，無法瞭解。矯治模式的發展，計有（註一）：一、復原模式（Rehabilitation Model）──內又分醫療模式（Medical Model）、適應模式（Adjustment Model）、再整合模式；（Reintegration Model）；二、正義模式

（Justice Model）；三、犯罪控制模式（CrimeControl Model）及四、邏輯結果模式（The Logical Onsequences Model）四個模式。現代犯罪矯治所參考使用此個模式，其中尤以醫療模式及犯罪控制模式與邏輯結果模式為犯罪矯治工作計重視，所有犯罪人之治療處遇均以此為基礎。

評

我國矯治制度發展歷史，除了傳統獄政文化為基礎外，無可諱言的，近鄰日本對我國獄政制度影響至巨。清末維新，為改革獄攻，特聘請日本監獄學家小河滋次郎，來華草擬「監獄規則」為監獄組織三科二所建立之始，三科為第一科總務科，第二科為警衛科，第三科為作業科，兩所才是教務所及衛生所。國內也有曾在日本警監學堂畢業學生。民國以來根據資料記載（註三），也有設立訓練獄政人才之學校。

民國 5 年以前核准有案者，有山東監獄專修科，直隸監獄學校，河南法律學校附設監獄專修科，河南監獄學校（以上均於民國 2 年設立），湖南私立監獄專門學校，湖南監獄專科學校，贛州法政學校附設監獄專修科，贛省公立監獄學校，贛省私立監獄學校，山西省監獄附設監獄專修科，私立四川監獄學校，廣東公立監獄學校，私立河南第一監獄學校，江蘇民國監獄學校，江蘇私立法政學校附設監獄專修科，私立都法政專門學校附設監獄專修科，私立新江監獄學校，福建監獄學校等。

而自民國 17 年以后，政府奠都南京，留學美國風尚

日熾，但專習監獄學科，或犯罪學科者，尚無所聞，祇有查良鑑博士曾翻譯「犯罪學」介紹歐美犯罪學理論。政府遷至臺灣以后，由於與美國接觸日繁，曾接聯合國獎補金赴美考察，以及留學美國獲得犯罪學、監獄學學位者，絡繹於途，獄政改革循歐美方向，日漸顯著。

民國 38 年政府還臺，司法行政部監獄司主管臺灣地區監所之監獄司長，先是田美棠，曾任甘肅高等法院院長，調任此職。說明司法行政部司長職與各省高等法院院長職等相類，而田美棠司長之後，則為裘朝永擔任，曾任福建高等法院廈門分院檢察官，其時政府對監所管理是以調查局出身為安全，過去在大陸曾有「監獄鬥爭」之說，即共產黨以監獄為基地，進行顛覆工作。因此，監獄司長則在情治背景中挑選為適當，裘氏在職達三十餘年，其間又有李甲孚擔任監獄司長，亦為調查局背景而來，此一經過，也成一段史話，可看出治理獄政的基本心態。

日據時代監所併體，自民國 38 年開始，司法行政部訂定監所分立政策，分期執行。於是造成監獄與看守所互爭財產之困擾。監獄典獄長立場對新成立而分割之看守所咎於以寬大心情，協助其所需要之各項設施，而新任看守所長，多是原監獄之科長，以平等分家之心態，爭取所能爭取之一切，大至台北監獄與台北看守所，小至花蓮監獄與花蓮看守所，寸土必爭，一木不放。適當此時之新任所長，均屬年輕好勝。從好處方面說，為公家事的認真態度，另一方面，就是太本位主義，的確形成相當大的衝

激，時過三十餘年，印象猶甚深刻。

評

「獄政革新」列為法務部歷次改組後首要施政，為近三十年來所未有之現象，其所形成之原因，不外是法務部之業務，自從第二審以下審判工作劃歸司法院監督以後，祇有刑事偵查與刑罰執行兩項重要職掌，加以邇來臺灣監獄、看守所造生弊端，事故頻仍，促使社會大眾期待政府對獄改革新，有所作為。

監獄、看守所、輔育院、觀護所，統稱為犯罪矯治機構，欲求產生犯罪矯治之功效，必需該類機構具有犯罪矯治之必要條件，這些條件是犯罪矯治場所所應有的環境力量。缺乏環境影響的力量，非僅不能達到犯罪矯治之效果，反而發生負向的不良影響；這是何以社會上指責，監獄、看守所、輔育院等機構為犯罪傳習所之原因。

因之，犯罪矯治機構是矯治犯罪人成為守法公民，機構內之工作人員、措施、處遇等必須以法治、公正、廉明為依歸。本於此一道理，今日獄政革新的首要目標，應是除弊重於興利，一些標新立異之舉，必須於獄政積弊去除之後，方能收到顯示效果，以免徒使社會有茫惑之感。

今日獄政徵結，簡要言之，在於基層管理人員對管理「新生代人犯」，已感束手無策。新生代人犯已非三十年前之人犯可比，猶如今日之青少年已與三十年前青少年人格、智識、特性等，迥然不同，造成管理人員管理上困難。管理上極易發生兩種歧異：其一仍陶醉於三十年前之

壓制式的管理方式，認為是使人犯就範的有效手段。事實上，加之于新生代人犯，帶來更嚴重的危險。其二是與新生代人犯講求「民主」、「自由」新的管理方式：誤為民主就是聽任人犯，自由就是不加約束，忽視了「自由」與「民主」之真諦，更忘記人犯的特質，產生的問題是放任、囂張、紀律廢弛。這是監所事故不斷發生的根源。

因之，獄政革新的主要關鍵，在於基層的管理人員，應具有管理新生代人犯的能力，揚棄錯誤的所謂新、舊管理方式，運用科學的管理方式與制度，為當急之務。辦理管理人員職前訓練與在職訓練，是毋庸置疑的，但是科學的管理方式與制度，能否於訓練中獲得，端視訓練科目、內容、方式以及師資的安排。

基層管理人員的士氣，是監所有效管理的支柱。從社會的傳統觀言，以至有關政府機關，對獄政人員之歧視或忽視，仍然存在，造成獄政人員心理上不平衡。司法人員、警察人員、稅務人員因為發生重大事故，社會上咸認為待遇與工作量不相對稱，主張提高薪給，獲得普遍支持。而獄政人員原應與警察人員相同待遇，為日據時代，以及其他國家所認可，我國獄政人員爭取與警察人員相同之公平待遇，竟無法獲得有關機關支持，寧不令人氣餒？

監獄「擁擠」帶給政府主管預算、人事等機構無法暸解的嚴重情況，增加獄政人員痛苦，非文字所可描述，興造新監，形成緩不濟急之勢，人犯增加比新監興建快速，屬行假釋是應積極採取的政策。日本監獄每年假釋出獄人

犯數目比滿期釋放人犯多出數倍，而我國假釋人犯數目是滿期釋放人犯之五分之一，可見我國假釋人數之微。但是屬行假釋之際，對於假釋條件之公平考核，是應該深入釐定計畫的事，否則，反而造成更大流弊發生。

　　獄政工作係屬專業性，科學技術性，老實說，學法律的專家，未必盡能瞭解的癥結所在，如果部長以謙虛、儒雅的修養，平易近人不疾言屬色的態度，當可使基層幹部樂意反映真實意見，下情上達，獄政革新方才可期。如果主觀太強，成見太深，既無法瞭解獄政問題核心，更失去獄政基層工作人員衷心合作，是獄政革新之大忌。

評

　　台中監獄管理員何慶龍，恐嚇脅迫玷污少女，警方據報馳往撞破，偵訊結果，何某俯首認罪。台中監獄證實：確為該監之臨時約僱管理員，該嫌犯身著警察制服，帶著警察配件，駕駛自用小客車，曾將林姓少女載著在台中路59號租屋內，予以強暴。

　　前些年，獄政方面所暴露之工作人員操守上及能力上的缺失，有：新竹少年監獄兩度暴動；台中看守所重刑犯脫逃，以及將被告帶出與眷屬姦宿；台中監獄劫囚案，台北看守所管理人員迫使被告眷屬姦淫；桃園看守所管理人員侵吞人犯代收之財物；台東監獄管理員與人犯女朋友姦宿被砍斷腳筋；澎湖監獄管理人員被人犯打死等，這些有的見諸報端，有的尚屬隱秘未宣，為社會所不知，但是其中甚多事故，均創獄政現代史上之紀錄。

　　因此，在早年增補選中央民意代表競選之際，無論黨內及黨外之候選人，甚多以革新獄政積弊為其政見之一。足見獄政弊端，早已深植民心，破壞政府形象。革新要求，已達不容再事敷衍拖延之境地。

　　法務部對社會輿情要求革新獄政之反應，是召開一次全國獄政會議，選擇性的撤換數位首長，法辦管理人員，但是獄政弊端之消滅，毫無助益。事故繼續發生，已使法務部負責官員，原以為獄政工作是件輕而易舉之事，缺少對監所實務之深切認識，想以辦幾個管理人員，就可以收立竿見影之效的心態，遭受到重大傷害，以致形成技窮無力之感。轉而全力集中於使獄政弊端不致外洩，或者作自我防衛性的辯白與卸責，進而招待民意代表考察，化阻力為助力的策略。黨內民意代表口軟之餘，黨外民意代表對獄政弊端作持續而執著的質詢，曲意解釋為黨外立場所使然。其實，早在以往辦理中央民意代表增補選時，黨內候選人亦將革新獄政列為競選政見，有文字可以證明，因為它是社會共同關心，政府需要改革的重大缺失。我們站在民眾輿論立場，不願看到此一錯誤的觀念轉化與導向。

　　西洋政治家曾謂：由獄政之良窳，可以窺知國家政治進步與否。獄政是國家政治之死角，極易藏污納垢，人犯是政客所不關心的遺棄孤兒。反之，具有仁心愛民之政治家，時時關心這批為社會所遺忘的子民，對監獄行政作最有效的改善，故總統蔣經國先生，即是經常與監獄人犯接近的仁者。

　　回顧民國 71 年 7 月召開的全國獄政會議，其主要議題：「如何改善犯罪矯治方法？以達矯治科學化之目的」；「如何革新管理方法？以達管理合理化之目的」；「如何使社會人士積極參與犯罪矯治工作？以達成參與社會化」；「如何改善監所建築，以達成設施安全化之目的」，口號響亮，四個議題所獲之結論，付諸實施者，百不及一，30 年於茲，事故不斷發生，弊竇仍然存在。法務部前李元簇部長雖言：會議結束，是真正改革之開始，說明會議之前，改革從未開始；會議多年之後，效果未現，似乎改革永久是在開始之中，使民眾對獄政革新之期待，終覺渺茫。（編按：行政改革亦然）

　　在此，我們要沈痛指出：監所弊端，雖開過全國獄政會議，然由於事故不斷發生，問題繼續存在，係屬事實，我們不願看到立意將獄政革新的要求、觀念，竟轉化為不同政黨人士的立場所使然，因它曾是不同政黨民意代表共同的政見，也是本於真正的民意取向。因此，我們以為政府形象，不宜為獄政弊端，而背負著沈重包袱，我們樂於看到及早帶來獄政革新的曙光！

評

　　早年，台中看守所管理員陳大慶，因案羈押自殺身亡，暴露監所存在嚴重問題，在其遺書內道盡基層監所管理人員之困難，是否獲得法務部又社會人士所重視，藉此促進監獄與看守所之改進，仍有待輿論界之督促。

　　監獄與看守所之管理工作，係一門特殊學間，而且要

有高度智慧的運用，方能達到完善的效果。臺灣最近幾十年，獄政工作不斷改善，工作人員也不斷努力。但無可諱言的，記憶中獲得的印象，以民國八十年代發生的事故最多，而最離奇，對社會治安造成威脅，也最嚴重，破壞法務部的形象亦深。其實，自從法院改隸司法院以後，法務部所轄業務，減輕工作幾佔二分之一，其主要職掌，僅為檢察與監所。監所業務，在法務部減少負擔下，理應有所改觀，事實上反而接連發生前未有的事故，是應深自檢討的。

若謂法務部當局，忽視監所業務之改進，也是不公平的。李元簇前部長聲稱，比歷任部長前往監所視察最勤，接觸最多，何以基層人員仍死諫希望：我們的長官能確實暸解我們的問題，我們的需要，支持我們，愛護我們基層人員，多與我們接觸暸解全盤，不要怕上級，不要怕攻擊，拿出勇氣解決問題，相信獄政問題一定能解決的。它說明了形式上視察，官式上的巡視，不會真正產生溝通效果。溝通、暸解是講求技術的，而且欲求真實知道基層的需要與問題，高階層的長官態度，是能否使基層或下級真誠反應問題的關鍵，此點實值得法務當局深思。

監獄與看守所，因是收容犯罪人的所在，有其與一般行政機構的「管理案件」不同的性格，它有「管理人犯」的特質；它又有與軍事機構「管理士兵」不同的特徵，因為接受管理的對象，是有犯罪行為及性格的差異。換言之，它介於軍事與一般行政機構之間，各級工作人員必具

有的威信與職權，是應該受到尊重的，分層負責的體制必須加以維護，人員任用、升遷職權不可橫加剝奪，否則失去發揮管理能力的憑藉，這是軍事機構何以尊重統帥權，維護部隊長官統御權之道理。監所首長猶如部隊之負責長官，不可形成有責無權之境地，造成其無法發揮指揮監督之能力。

監所事故發生後，社會上對法務部指責、不諒解，是必然的結果，嚴厲處罰失職人員，可以滿足社會情緒，其實造成監所工作人員士氣的打擊，亦是可怕的。我們並不希望失職人員，猶可獲得寬容，而應瞭解基層人員已缺乏執行法律，管理重刑人犯的能力，法務部的幕僚單位，監所事故迭次發生後，提供基層人員多少執行法律，管理人犯，重整紀律的技術與方法，以及制度上的改革，這是基層管理人員受罰之餘，所感受到他們不是萬能的原因。

監所工作人員士氣低落，與法院辦案人員士氣低落，可能導致的後果是不同的。後者僅會產生案件處理延宕與錯誤，是可以補綴的，前者會引發出管理鬆懈與疏忽。被管理的受刑人及被告，則在伺機而動。鬧房、集體對抗、自殺、逃脫、劫獄、暴動等會接連發生。一再的更換首長，免職科長，並不能帶來監所的平靜；監所的安謐，在於監所紀律的重建。它需要上級有能力的輔導、指示、與技能的灌輸。

我們固然樂意看到法務部當局每遇監所事故發生，表現出負責態度，撫慰死者家屬，召開獄政會議，組織專案

調查小組等以應付社會情緒，我們更期待看到獄政改進，減少治安威脅的具體事實，這才是社會大眾真正所希望於法務當局的！

評

前司法行政部李元簇部長，早年於立法院司法委員會，答覆立法委員質詢時，說明全國各監獄收容受刑人，超過容量，發現擁擠現象。李前部長並指出：監獄收容人數眾多，係長期徒刑，無期徒刑增加的原因。其實，監獄收容人犯數字，除於民國 60 年以後，曾數次減刑，收容受刑人因減刑而減少外，可以說是年年均有增加，至今仍在繼續增加。

監獄執行徒刑受刑人增加的原因，固然如李前部長所云，係長刑期及無期徒刑受刑人增加的結果。此外，我們不可以忽視另一事實，即是今日法院處理刑事案件，仍以宣告徒刑為主要，其中以宣告短期自由刑為最多。以往監獄內收容之人犯，百分之七十以上為短期自由刑之人犯。

短期自由刑，原為刑事政策上值得討論的課題，刑事政策學者，均不贊成宣告短期自由刑，監獄學家亦以執行短期自由刑，困難達到教化及技藝訓練的效果。人犯經由短期監獄生活，極易習染惡性，尤其是獄政管理不善，人犯收容擁擠情況下，對輕罪及偶發性犯罪人，產生不良影響，是可以想見的。廢止短期自由刑，為今日刑事政策發展的趨勢。

早於一九〇五年，在海牙舉行的國際刑法及監獄會議

上，與會國家一致認為：短期自由刑，有百害而無一利。其所舉的理由有：一、無施以教化的充分機會；二、無防止犯罪的能力；三、受刑人多數為初犯，使其喪失對拘禁的恐懼，減弱其自尊心；四、犯輕罪者的家屬，受到物質上及精神上重大損失；五、釋放後，易於淪入累犯；六、刑罰執行機構，設備不良，矯治無方，造成惡性之感染。所以，該會主張：短期自由刑弊多利少，宜以其他有效制度代替。

我們以為：代替短期自由刑，則為加強宣告緩刑，積極建立有效執行保護管束的觀護制度。談到觀護制度，我國的少年事件處理法內，業已採行，并已次第建有規模，為社會所接受。事實上，觀護制度并不限制適用於少年犯罪者，先進國家，同施於成年犯罪。

我國刑法規定：受兩年以下有期徒刑、拘役或罰金之宣告，其未曾受有期徒刑以上之宣告；或前受有期徒刑以上之宣告，執行完畢或赦免後，五年以內未曾受有期徒刑以上之宣告，認為以暫不執行為適當者，得宣告兩年以上五年以下之緩刑。而緩刑期間，應交付保護管束。法律雖有規定，法官未充分運用，原因是保護管束未能有效執行。

依照保安處分執行法之規定，保護管束由保護管束人所在地，或所在地以外之警察機關，自治團體、慈善團體，本人最近親屬、家屬，或其他適當之人執行之，由於執行保護管束，缺乏專職之專業人員，保護管束執行，有

名無實，緩刑效果不彰，緩刑也就未能充份運用觀護制度
即是政府任用專職專業人員，執行保護管束，此為現代犯
罪矯治制度中，被認為最經濟、有效的制度，並可避免因
徒刑之執行，所發生的不良副作用。

　　總之，從我國司法行政當局報告中看出，執行自由刑
的監獄，人犯擁擠，而執行的人犯中，以短期自由刑人犯
佔相當大的比例。我們希望，不要再以增加監獄數目及容
量，來解決超額的問題。我們以為：解決監獄人犯擁擠狀
況，應從解決監獄的收容的大多數短期自由刑人犯著手，
其方法是加強運用緩刑，建立成年犯罪的觀護制度，有效
執行緩刑期間的保護管束工作，才是根本之途。

評

　　上面所述，是基於鑑往知來！同樣地，前臺灣警備總
部曾表示：今後對保安處分的竊盜、贓物犯及因素行不良
由警方移送矯正處分的流氓，將在強制管訓時，設法改造
其人格，施以職業訓練。

　　為充份發揮強制工作之執行效果，加強職業訓練，警
備總部奉准成立岩灣職訓中心，位在臺東縣岩灣村，隸屬第
二職業訓練總隊，開設之職種有：車床、鉗工、鑄造、木
模、水電、電機、板金、建築、木工及西服等十個之多。第
一職訓總隊，亦在北部建立坪林職訓中心。第三職訓總隊
與廠商合作，自設三十二個習藝工廠，凡因身體或教育程
度適合職訓者，均按其專長參加習藝。警備總部改進執行
強制工作之職業訓練措施，在於務使發生保安處分功能，

自是可喜的事。

　　由於竊盜案件猖薇，影響人民財產安全，至甚至累犯竊盜於行竊之際，攜帶刀械，遇有被害人抗拒，使用暴力或兇器，直接威脅人民之生命，於是社會人士呼籲，應以「治亂世，用重典」之政策，肅清竊盜。其實，在法律上竊盜累犯，判刑可以加重，尚可以附帶宣告保安處分強制工作執行期間，合併計算，可能累犯竊盜應該失去自由達十年左右，處分不可謂不重。

　　事實上，監獄內人犯，對於宣告強制工作，心理上確有恐懼的感覺，他們於刑罰執行中，儘量希望免除強制工作執行。其理由一方面是期間太長；二方面是軍事管理，異常嚴格。也就是說明，過去強制工作執行的恐嚇故果，確已發生。但是，受過強制工作執行之離隊隊員再行犯罪者，為數甚夥。我們可以看出，恐嚇並不會發生長久之阻止犯罪效果，尤其是那些有犯罪習慣及無正當職業之犯罪人。

　　刑法對於犯罪人，經確定其犯罪行為後，則加以刑罰制裁。刑罰制裁具有處罰的意味，威嚇的成份，報復的手段。刑罰二元論的國家除了刑罰以外，為了防衛社會、改變人犯惡性，幫助其改悔向上，適應社會生活，成為社會上有用之人，有保安處分之規定，為二十世紀刑法發展之趨勢。

　　我國刑法內亦設保安處分一章，內分感化教育、監護處分、禁戒有分、強制工作處分、強制治療處分、驅逐出

境處分、以及保護管束等七種。其中強制工作處分，係針對有犯罪習慣，或以犯罪為常業，或因游蕩或懶惰成習而犯罪者，得於刑之執行完畢或赦免後，令入勞動場，施以強制工作。上述之警備總部職訓總隊，即是執行強制工作之勞動場所。

執行強制工作之勞動場所，有異於執行刑罰之監獄，這是由於刑罰與保安處分本質上之不同，刑罰對犯人，課以道義的、社會的兩種責任，保安處分對於犯人，則僅課以社會的責任。刑罰的本質終不免有痛苦的成分，保安處分則不以痛苦為內容。刑罰以犯罪之違法性為基礎，保安處分則以行為之危險性為基礎。因之，保安處分之執行，不僅方法，技街，不同於刑罰，其期間有伸縮性，採用不定期主義。只要犯罪人行為矯治效果發生，即無再執行之必要。

所以，我們樂意指出：過去保安處分強制工作之執行，在於使受訓隊員產生恐懼的心理，是不正確的。今日以充實職業訓練設備，受訓隊員以接受職業訓練為主。授以謀生技能，社會不會為其再犯罪而受損害；犯罪人亦因具有謀生技能，貢獻社會，勿再從事犯罪勾當，方是達到保安處分的防衛社會，改變人犯惡性功能。其次是，我們期待政府主管機關，對於執行其他保安處分場所，亦應同樣注意，花費心力，精心擘劃，充實設備，朝向保安處分設定的目標，加以改進。

它們是：執行感化教育之少年輔育院；執行禁戒處分

之煙毒勒戒所執行；保護管束之觀護人等；均應切實檢討其是否達感化教育、禁戒、保護管束等之保安處分功能。

評

報章刊載：法務部重視獄政革新，採行多項新政，其中有提高監所人員素質，屬行分監管理；加強受刑人教化，及更生保護業務。的確，由於傳統上的觀念，我國對於犯罪人一向不予重視，以為囚之於牢獄，與社會隔離，厥為最佳的處理，甚少顧及這些危害社會份子應如何加以改造，重行適應社會。

自司法行政部改組為法務部，由於其職掌變更，往昔的調查、偵查、審判，與執行，四個重要的處理犯罪案件的環節，其中審判機構已移歸司法院後，將過去重審判，輕檢察，或重審、輕監所的態度，勢必有所改變，因之，監所的獄政工作，應從次要的地位，躍居為法務部內檢察與獄政職掌，等量齊觀。

綜觀法務部獄政革新多項新獄的內涵，有：

一、實施受刑人調查分類。

二、加強監獄受刑人教化工作。

三、增加作業設備，加強技能。

四、監獄衛生工作。

五、督導戒護管理。

六、加強台灣更生保護會輔導保護業務等，其中有數點值得深入討論之處。

　　其一是實施受刑人調查分類問題。受刑人調查分類，此一名詞，於民國 46 年即已移入我國，並開始推行調查分類制度。該制度之主要目的，在於對每一犯罪人，作科學的瞭解，依據個別差異，實施受刑人處遇個別化的科學要求。推行此一制度的人員，不僅深諳調查分類技術，如心理測驗等，同時具有獄政實務經驗，才能就測驗分析所得，適用於個別處遇的計劃上去。可惜，推行調查分類多年來，甚難肯定受刑人個別處遇，係本於心理測驗及調查的資料，以致調查分類與監獄內各項措施，不能作密切契合的運用。

　　其二是監獄受刑人教化工作效果問題。教化工作理應是獄政中心所在，加強教化的目標是正確的。可是教化加強以後，是否即可發生受刑人改過遷善的效果，是應值得檢討的；否則，加強受刑人教化工作，僅屬口號而已。由於近年來假釋人犯的再犯罪，累犯不斷增加，使人不得不對獄政中的教化工作效果，發生懷疑。我們相信於法務部督導下，獄政工作人員均在努力的從事受刑人教化工作，但是，我們要指出的是：傳統的說教式教化工作，於今日的獄政工作中，是否會找到改過遷善的效果。

　　近數十年心理學智識方面，對認知發展有很大成就，人類道德認知的發展，與吾人道德行為的表現，是表裡的相互關係。所以欲求改變犯罪行為，應從道德認知發展著手，已非傳統的灌輸、訓誡、與說教。所以說：加強教化工作，欲期產生教化效果，於教化方法，加以改進、檢

討、實驗，是件重心工作。

其三是加強辦理受刑人職業教育問題。我們欣聞行政院撥付作業設備費，分配台北、新竹少年，高雄監獄使用。犯罪矯治機構積極辦理職業教育，技藝訓練，係屬正確而有效的途徑。以期受刑出獄後，謀生有著，貢獻社會。

目前監獄內受刑人是否全都從事作業，以及均曾接受有意義的技術訓練，是值得注意的。所謂有意義的技術訓練，係指接受此一技術訓練，出獄後確能賴此謀生。我們從未看到此一方面的統計數字，希望獄政當局應就技術訓練的效果，有所考核，而非舉辦技術訓練已為足。

最後，是戒護管理問題。獄政戒護管理工作，是監所的基礎。只有在安定，秩序，紀律的犯罪矯治機構內，才談到推行犯罪矯治工作。但是犯罪矯治工作，並不是以戒護管理為最終目標。

事實上，台灣監獄及看守所，近年發生事故甚多，令人惋惜，就以多年前台北地方法院看守所死刑人犯李○榮，黃○重越獄，為戒護管理上疏忽，毫無疑義，類似這些事故，如監所人犯鬥毆、自殺、管理人員販賣毒品，勒索人犯家屬等，報章上曾不斷刊載，法院內亦有判決在案，誠為今日獄政革除積弊的要項。

總之，法務部自法院改隸後，犯罪矯治的刑罰執行工作，應付予相當的重視，有所作為。其方針似應除弊與興利併重，尤其是各項措施，從根做起，講求效果，對每一件新茲猷，應評估其所發生的實際功能，方是革新的起點。

第二章　科學處遇

　　醫療模式為 20 世紀犯罪矯治所採用之主要模式。它稱犯罪人原應是正常人，所以表現犯罪行為，是因為生理、心理、社會等相互之病理因素，就形成一個病人，犯罪行為就是病人疾病的症狀。運用醫生治病之過程來治療，即消除其病理因素，則病症消失，犯罪行為改變為正常行為，犯罪人復原為正常人。醫療過程為調查（Investigation）、診斷（Diagnosis）、治療或處遇（Treatment）。犯罪矯治機構成為醫療單位。

　　犯罪矯治的治療階段，用「處遇」的名詞。由於 20 世紀末葉人權思想澎湃，處遇權已形成基本人權之一，雖然犯罪人宣判為受刑人，收容在犯罪矯治機構中，他們應有人權中之處遇權（Right to teatment）。處遇權的人權思想來源，應溯及憲法有人民生存權及工作權之保障。人民生存權受到威脅，例如衣、食、住無著，或未能獲得最低需求之滿足，國家有責任提供維持生存之需要，一方面免費供給福利品，一方面安置工作，以使其能自己生產而養活自己。人民更進一步除了生存權以外，更為了實現自我的需求，國家應提供技藝訓練及就業機會，人民可以在

工作、職業表現上實現自我，所以工作權已從工作獲得生活資源，發展到個人在工作上得到最高的自我實現。

　　國家對人民提供的福利措施，不是傳統的施捨、救濟，而是人民應享有的福利權。因福利權的發展，受刑人在監獄內應獲得生理、心理健康的治療，作業技能訓練，智識教育接受等，均是享有人民的處遇權。如果僅將受刑人關閉在犯罪矯治機構，消極的處罰性的監禁，受到人處遇權被剝削，在先進國家則是侵害人權的事。甚至有些國家將犯罪矯治視為社會福利的一環。法務行政決策者及犯罪矯治機構負責人應具有此一進步人權思想處遇權觀念。

　　社會化是社會學上熟知的名詞，每個社會成員都歷經社會化過程；而社會化應由社會化機構 ── 個人及團體來執行。父母及家庭為初級社會化執行機構，兒童生長在家庭中，及與父母親親密的接觸產生表同的結果，其語言、態度、行為、價值觀念等，就為社會所接受的符合社會規範的行為。社會化是完整的及正面的，但亦有不完整的及反面的，反面的及不完整的社會化，產生不符合社會規範的行為、態度價值觀念。社會成員不僅經過初級社會化，在個人年齡日長，走出家庭進入社會，與社會上人與機構共同在一起，就歷經次級社會化過程，如各類職業、宗教、教育等團體的文化陶冶，也影響其行為、態度、價值觀念。

　　社會成員經過初級社會化歷程，有三種類型被塑造出來：

（A）接受完整訓育及正面價值的人；

（B）接受完整訓育及反面價值的人；

（C）接受訓育不完整的人。

假定（A）及（B）的人價值觀在原則上是不容易改變的，但（C）類的人則在次級社會化尚會受到大的影響，因為他們的初級價值方向還是游移不定。在次級社會化運作上，（C）類的人又會產生兩種類型：

（C1）接受正面價值的人

（C2）接受反面價值的人

在上述（B）及（C2）類人中為違法而被捕、判刑的，送入犯罪矯治機構，還會經歷第三度社會化過程，就是矯治、感化、輔導的復健（Rehabilitation）工作。

犯罪是社會化失敗的結果，而犯罪矯治是再社會化過程（Resocia-lization），如何執行再社會化或第三度社會化，則必須深入探討社會化執行機構是什麼?執行機構如何執行社會化，以及社會化的結果如何會產生，尚有三度社會化有完整的、不完整的，正面的、與反面的關係到社會化的結果，影響受到三度社會化的人的行為、態度、價值觀念。犯罪矯治機構是擔任初級及次級社會化失敗，即不完整反面的，而接受三度社會化的功能。它會產生正面的、完整的功能，即受刑人會改悔向上，適應社會生活；也會產生反面的、不完整的作用，未能達到「刑期無刑」的功效（註二）。

經過三度社會化的受刑人，亦會成為更嚴重的犯罪

人，俗稱監獄是犯罪研習所，小偷進入，出去成強盜，強盜進入，經過洗禮，成為殺人的情形，如何使犯罪矯治機構建立成為完整的、正面的三度社會化機構，是必須探討的課題。

犯罪矯治機構是一個治療團體（Therapetic Group），應發揮團體治療功能（Group Therapy）。團體治療之「團體」，必須具體治療團體之條件，才能成為治療團體，發揮團體治療效果。否則，不具備治療團體之條件，非但不能產生團體治療功能，反而產生治療團體之反功能作用。換言之，檢討今日犯罪矯治機構應具備何種治療團體之條件，以及目前犯罪矯治機構那些條件造成團體治療反功能的結果，是應積極研究的事。即以受刑人於監獄內應養成守法之觀念言，監獄生活環境中應提供守法的模式，以及不守法應受到「負增強」的處遇。若監獄內受刑人接觸的人都以不守法態度處理事物，以及違法的人得到好處，守法的人反而受到不合理的待遇，則無法產生守法的效果。

監獄行刑法第 1 條：拘役、徒刑之執行，在使受刑人改悔向上，適應社會生活為目的。改悔向上，是屬道德陶冶，國民道德觀念的培養，它牽涉到心理學上精神分析學派的超自我（Superego）的成長。以及認知學派柯爾保道德發展理論的運用。也是我國傳統文化良知的啟迪。而適應社會生活一語，受刑人所以違反法律，就是由於不適應今日的社會生活。而今日社會係民主、法治的社會所營的

民主法治社會主活。換言之，此種社會生活方式訓練應在監獄生活養成，監獄生活就是民主法治的生活方式，試檢視今日犯罪矯治機構每一個日常活動是否符合民主法治的要求。否則，欲使受刑人出獄後，適應社會生活，是不可能的事。

早在民國 36 年 6 月 10 日公布實施之監獄條例、監獄行刑法、看守所條例、羈押法、行刑累進處遇條例等五種基本法律，奠定犯罪矯治機構之組織、制度、程序、技術等，歷經多次修正補充，以適合矯治處遇科學化之需要。

第一節　調查分類

監獄條例先後修訂七次之多，綜觀歷次修正重點，是在人員擴充職種增加、官等提升、名稱改變，因應實際需要，其中民國 57 年 6 月 12 日第三次修正案，於監獄組織內增設調查分類科，為矯治制度重大變革。調查分類科掌理受刑人之身心狀況調查及心理測驗，作處遇之研擬、複查、建議、暨出獄後所需之保護事項。

調查分類制度係本於行為科學智識發展，犯罪行為矯治處遇，應以個別化原則（Individualization）。個別化處遇過程是經由個案調查、診斷、治療步驟，也是犯罪矯治由集體處遇邁向個別化處遇所必需。監獄組織設置調查分類科，配屬調查員，從事受刑人家庭狀況、學校教育、

社會環境等運用直接、間接調查方法，獲得資料;並辦理各種心理測驗，藉以瞭解受刑人性向、智力、職業興趣、性格、精神狀況。從生理學、心理學、精神醫學、社會工作等觀點，進行受刑人個案診斷，作為個別受刑人戒護管理、教誨教育、作業配置、衛生疾病醫療之參考。

　　為使受刑人分類處遇，民國 64 年 8 月 18 日前司法行政部發布受刑人調查分類辦法，將受刑人以生理或心理欠健全者、智力特別低下者、道德觀念特別薄弱者、以及不屬前三類情形者四類，就其身心狀況定其戒護管理方法、性向技術定其作業科別、知識程度定其教育班次實施處遇。

　　為因應心理測驗之需要，民國 60 年臺灣台北監獄便著手興建「受刑人心理測驗中心」，向國外購進心理測驗器材，該建築物佔地四十四坪，內有團體測驗室、個別測驗室、儀器資料室，另有燈光控制和消音設備，及美、日兩國所製之心理測驗儀器二十一組，台大、中國行為科學社儀表三組。民國 68 年奉前司法行政部撥歀，建造受刑人接收中心，擴大原有心理測驗中心功能。

　　受刑人接收中心於民國 69 年完竣，為兩層樓建築，總面積為二三五‧五坪，內設有入監講習室、直接調查及個別測驗室，接收分組會議室、健康檢查室、職業性向測驗閉路電視控制室、指紋照相室、儀器陳列室、資料記錄室、性向工場室、集體治療室、心理測驗室等設備。為充分運用心理測驗結果，前司法行政部於民國 61 年 11 月 10

日訂定監獄受刑人心理測驗實施要點，民國 63 年 6 月 4 日頒布監獄對受刑人心理測驗結果運用注意事項，便於臺灣各監獄普遍實施。

評

論及調查分類制度，係歐美犯罪矯治制度之科學處遇基礎，本於行為科學研究理論「個別差異」而來。我國由外國引進，但由於引進者僅是往國外短期考察，缺乏行為科學素養，以及其他有關學科智識，將外文資料翻譯而成，對整個制度運作精神所在，失去認知，如將心理測驗技術介紹至犯罪矯治機構，每一心理測驗功用何在，施測時應注意事項，測驗結果之解釋，以及如何運用至實務上，彼此無從契合，三十餘年來，所請來心理測驗專家，由於不知犯罪矯治實務，未能充份運用，累積一堆廢紙，殊為可惜。

即以調查分類之新入監者之「入監講習」是一非常重要事項，它關係到新入監者對矯治機構認識，今後合作態度，與犯罪矯治工作人員關係，未來入監後生活暸解，處遇計劃制訂意見，累進處遇記分與升級，提早釋放假釋制度與受刑人關係，更生保護之內容等，關係於受刑人信賴犯罪矯治機構，犯罪矯治工作為其未來有重大關係人物，從開始就奠定良好和諧關係，成為成功的階梯，但監獄對「入監講習」，虛應故事，以公式化態度出之，造成受刑人與監獄管理人員對立的態度，形成犯罪矯治發生效果之阻礙，非囫圇吞棗式移植調查分類制度所能暸解。

第二節　累進處遇

　　行刑累進處遇條例是採取計分晉級提升待遇之獎勵制度，早為先進國所運用，本於心理學中行為主義學派理論所設計。我國監獄行刑法第 12 條規定：「對於刑期一年以上之受刑人，為促其改悔向上，適於社會生活，應分為數個階段，以累進方式處遇之。」行刑累進處遇第 11 條復規定：「適用累進處遇之受刑人，應分別初犯、再犯、累犯並依其年齡、罪質、刑期及其他調查所得結果，為適當之分類，分別處遇。受刑人調查分類辦法由司法行政部定之。」是為調查分類與累進處遇法規銜接之依據。

　　我國受刑人實施累進處遇制度，應溯自民國 21 年 5 月 11 日司法行政部訓令山東高等法院籌設山東省新監計劃，其中列有少年監獄一所，訂有「山東少年監獄階級處遇規程」，至於何時實施，成效為何，均無資料可考。而於民國 24 年 5 月司法行政部指令核准實施「江蘇上海第二特區監獄在監人分班考核辦法」，其內容亦係以考核成績分數計算，所得成績作為升降班之依據，而班級不同，有關其接見、書信、飲食、賞級等，均係本諸先嚴後寬之累進處遇精神。

　　民國 29 年 7 月 15 日，行政院會同司法院依據「徒刑人犯移墾暫行條例」第 11 條規定公布「徒刑人犯移墾實

施辦法」，並依該辦法第 11 條及 12 條規定，同時公布「移墾人犯累進辦法」及「移墾人犯減縮刑期辦法」，不僅是適用累進處遇方法，同時為我國採用受刑人縮短刑期制度之開始。行刑累進處遇條例公布，是為行刑累進處遇制度的完整立法。該條例共有十二章七十七條。先後經過民國 41 年 1 月 7 日、64 年 5 月 10 日，及 69 年 12 月 1 日等次修正。其中除將司法行政部改稱為法務部外，較為重要者為 64 年將原有「累進處遇依受刑人之刑期及級別，定其責任分數，」從五個類別擴充為七個類別，於實用上更較為公平。其次則為各級受刑人每月之成績分類，原依作業最高六分，責任觀念及意志最高三分，操行最高三分；改為教化、作業、操行三者最高分數四分。而少年受刑人修正為教化最高五分、操行最高四分、作業最高三分。

　　第一級受刑人累進處遇於修正時，放寬其因作業或就學之需要，或為準備釋放，准其外出。並准與配偶或直系血親在指定處所及時間內同住。各監獄為實施本條規定所需，建造受刑人懇親宿舍，供給一級受刑人與家眷同住。

　　行刑累進處遇條例修正時，增加該條例第 28 條之一，明定：累進處遇進至第三級以上之有期徒刑受刑人，每月成績總分在十分以上者，得依左列規定，分別縮短其應執行之刑期：一、第三級受刑人每執行一個月，縮短刑期二日。第二級受刑人，每執行一個月，縮短刑期四日。第一級受刑人，每執行一個月，縮短刑期六日。以受刑人

最急切追求之提早恢復自由之手段，倣造英美犯罪矯治機構善時制度（good time system），以縮短其應執行刑期。

　　行刑累進處遇另一重要規定，即為與假釋制度相連接。該條例第 11 章假釋，第 75 條規定：第一級受刑人，合於法定假釋之規定者，應速報請假釋。第 76 條規定：第二級受刑人，已適於社會生活，而合於法定假釋之規定者，得報請假釋。再觀刑法第 77 條規定：「受徒刑之執行而有悛悔實據者，無期徒刑逾十年後，有期徒刑逾二分之一後，由監獄長官呈司法行政最高官署，得許假釋出獄。但有期徒刑之執行未滿一年者，不在此限。」其條文內假釋實質要件，有悛悔實據，即依行刑累進處遇二級以上為執行之依據。

評

　　行刑累進處遇條例係參考國外法律而訂定，它本於心理學行為主義學派的增強理論，好的行為給予獎賞，壞的行為予以處罰，行為表現每月有記分增減，有作業導師、教誨師、主任管理員評定分數。它所遭遇的問題，其一是分數未能有嚴格細密的考核標準，作業分數究竟以生產量為記分標準，或以工作時數，有些協助作業分配、記錄等受刑人的記分又與實際作業受刑人標準不同，很難令受刑人認為公平。其次為各個人記分標準寬嚴不同，全監獄內每一個考核人員有其自己寬嚴的分寸，更令其中有私人情面關係存在，很難令人心服，考核公平是應努力做到的。

行刑累進處遇條例制訂四、五十年後，有的並未即時遵行，法務機構未依法行政，常為人民所詬病。即使幾十年後的今日，各級受刑人所享有待遇，尚未見諸實施。這是件無法原諒的事。政府施政應依法律為準，法律成為具文，何能要求人民守法，這是應該檢討的。

評

前司法行政部長李元簇曾在立法院表示，政府為革心獄政，擬於次年度起，在各監獄普通設立「懇親宿舍」，使受刑人得與父母、家人，同住數日，以收親情感化之效。「懇親宿舍」確是現代犯罪矯治設施的一大嘗試，往昔刑罰的執行，在加之於受刑人與社會隔離的痛苦，現代犯罪矯治學理論，認為刑罰的目的，是幫助受刑人改悔向上，適應社會生活，因之社會關係，尤其是家人關係，不僅不能因監禁而中斷，反要加強密切連繫，有助於未來社會生活的適應。

犯罪矯治是刑事案件處理過程中，偵查、審判、執行三個環節中的一環，傳統上就有重審判與偵查，而輕執行的看法。嚴格的說，毋枉毋縱的偵查，和公正廉明的審判，終結目標，是國家刑罰權的實行，若是刑罰執行沒有效果，偵查與審判所用的人力、物力，化為烏有。此一簡明道理，是必需加以強調的。

犯罪矯治機構，包含刑罰執行及保安處分執行處所，近年來，由於實務人員的努力，確有改進之處。若綜覈整體效益，發現過去的做法，總嫌片斷、支離、零碎，失去

系統性及連續性，以及缺乏專業智識基礎和深遠的識見。例如以往幾十年所標榜的三民主義管教措施，監所分立，分監管理，調查分類等，由於事前疏於詳細研究，妥善準備，實施時問題叢生，不能徹底執行，徒具形式，時日推移，人存政舉，人亡政息，當初新人的標新課題，所留下的些微痕跡，幾乎難以辨認，更談不上累積成果。

其次，犯罪矯治業務的革新，也落入了世人所詬病的窠臼，即是以興建堂皇、華麗大建築物為革新的標幟。誠然，狹隘、陳舊、與破陋的犯罪矯治機構房舍與設備，會導致管教上及安全上的事故；新建的房舍與設備，亦不能高於一般社會水準。也就是說：雖然執行刑罰，已不是純然意味著懲罰，可是，犯罪人在犯罪矯治機構內所獲得的物質上待遇，仍不可超出家庭中擁有的程度。否則，就如美國人譏諷美國監獄為「國家俱樂部」。司法行政當局對運用現代行為科學智識與技術，充實犯罪矯治處遇計劃的革新項目，亦缺少科學的專業人才認真思考與設計，政府似應慎重考慮的。

談到犯罪矯治機構的成效，雖有主管機關籠統的說明，甚少有力的數字作佐證。試看民國 60 年以還，累犯的比率，反而年年增加，對社會治安的威脅，不能不使人關心。累犯增加的原因，雖有很多的解釋，但以累犯的增減，來評估犯罪矯治業務的效果，仍有其實證價值。現代化國家施政，講求經濟與效率，所以對犯罪矯治業務的效果，以出獄人適應社會生活的資料，作科學的客觀的考

核，是件急不容緩的事。復以年來犯罪矯治機構中，時有人犯脫逃，毒品流傳，管理員詐欺人犯，扮演司法黃牛等，均曾陸續在新聞報章上出現。可以說：今日犯罪矯治業務，應該是興利與除弊並重。

　　總之，犯罪矯治機構收容對象複雜，先天就存在著甚多積弊，而且根深蒂固，目前犯罪矯治工作僅做到消極性的，機構內短暫的寧謐，犯罪人經由犯罪矯治處遇的程序，回到社會後是否已改過遷善，或者經過此一旅程，已否產生變本加厲的反效果，均需詳加考查。我們願在司法行政當局提出新猷時，特提出上述的呼籲。

第三節　教誨教育

　　監獄行刑法第 37 條規定：「對於受刑人，應施以教化。前項施教，應依據受刑人入監時所調查之性行、學歷、經歷分別予以集體類別，及個別之教誨，與初級、高級補習之教育。」教誨與教育前者為培養受刑人道德觀念，啟發良知、發揮良能、變化氣質，使其改悔向上；後者則在知識灌輸、技術學習、潛能發掘、謀生有術，達到適應社會生活目的。

　　個別教誨之實施以入監、出監、在監三類行之。類別教誨除依調查分類所得，並得按受刑人觸犯之罪名，加以區分，至於分類標準，依司法行政部 41 年訓監字第二三

二〇號令計分內亂、經濟、秩序風俗、侵害身體、妨害自由、侵害財產等；而集體教誨係將全監或以管教區的單位之受刑人集合於教誨室，或其他適當處所，施以教誨，多以例假日、紀念日，或其他休息日行之。由於我國係宗教信仰自由之國家，監獄行刑法第 38 條特規定：「受刑人得依其所屬之宗教，舉行禮拜祈禱，或其他適當之儀式，但以不妨害紀律者為限。」因之，各犯罪矯治機構當請合法宗教團體，蒞監作宗教宣導，並提供有關宗教之資訊給受刑人閱讀觀賞，設置宗教教誨堂，暨推行駐監宗教師及榮譽教誨師制度，宣揚教義、淨化心靈，及協助管教人員教誨工作，對特殊個案之處理。

教育之實施，依法每日二小時，不滿二十五歲之受刑人，應施以國民基本教育，但有國民學校畢業以上之學歷者，不在此限。分班授課為教育推行之原則，初級班授以國小、國中程度之課程；高級班以相當高中程度之課程；補習班授以高中以上程度之進修課程。每六個月為一期，制定教學進度。學業成績可為累進處遇之依據。

犯罪矯治機構內補習學校教育制度建立，誠為推行教育的特色。先是新竹少年監獄實施學力甄試教育方法，在監少年受刑人接受不同班級教育，每學年終了，由臺灣省政府教育廳派員來監甄別考試，取得同等學級證書，此為民國 57 年間之事；接著為使受刑人教育走向制度化，依據補習教育法第 1 條規定：「補習教育以補充國民生活智識、提高教育程度、傳授實用技藝、增進生產能力、培養

健全國民，促進社會進步為目的。」及第 7 條前段：「各級進修補習學校，除由同級以上學校附設外，各級政府機關及公、民營事業機構或私人亦得設立，其辦法由教育部定之。」臺灣台北監獄於民國 62 年 9 月依法設立臺灣省桃園縣私立宏德高級進修補習學校，新竹少年監獄從甄試教育進入補習學校教育；民國 62 年 9 月臺灣省新竹市私立勵德高級進修補習學校，於焉成立。截止 78 學年陸續有十所監獄、少年輔育院，經主管教育機關之核准，附設補習學校，授以與一般國小、國中、高中相同之學校課程，修業期滿後，舉辦資格考試，發給資格證明書。

　　據所知，現有監獄、少年輔育院附設之補習學校，其校名及成立之時間如附表：

機關名稱	附設補習學校全銜	成立時間
台灣台北監獄	臺灣省桃園縣立宏德高級進修補習學校	民國六十三年九月
台灣新竹少年監獄	台灣省新竹市私立勵德高級進修補習學校	民國六十三年九月
台灣台中監獄	台灣省台中市私立培德高級中學進修補習學校	民國七十七年九月
台灣雲林監獄	台灣省雲林縣弘立育德高級商業職業進修補習學校	民國七十六年九月
台灣台南監獄	台灣省台商縣私立樹德高級中學進修補習學校	民國七十三年九月
台灣高雄監獄	台灣省高雄縣私立仁德高級進修補習學校	民國六十九年九月
台灣花蓮監獄	臺灣省花蓮縣私立正德高級中學進修補習學校	民國七十三年九月

台灣桃園少年輔育院	臺灣省桃園縣私立厚德高級工業職業進修補習學校	民國七十年七月自臺灣省政府社會處收回
台灣彰化少年輔育院	台灣省彰化縣私立立德補習學校	同上
台灣高雄少年輔育院	高雄市私立明德補習學校	同上

評

　　教誨工作是受刑人道德陶冶，良知啟迪，而心理學則是道德發展理論的運用，尤其近年來的柯爾保道德發展，為學術所共認是最新學說。監獄教誨應本此理論來設計，將受刑人低層次道德觀念，培育滋長至高層次。可是我國監獄對此缺乏瞭解，僅作空泛的所謂個別教誨、類別教誨、集體教誨的實施方法規定之。至於中央警官學校畢業學生分發到監獄內服務的，所學的社會個案工作、輔導諮商、集體治療法等，或由於人微言輕，在監獄內無法執行，誠是遺憾的事。

　　教育是智識灌輸，監獄內從甄試教育發展到補習學校設立，當然，已較為完備。但先進國家，為了受刑人接受教育後能與社會上受正常教育者，獲得同等地位，已不主張在監獄內單獨設立補習學校，以免畢業證書上易於分辨其過去受刑身份。要求社會上正式教育機構，公私立學校接受在獄受刑人入學，與其他學生相同身份接受教育。畢業證書上與其他學生並無兩樣，也無法看出其不同身份，完全以受刑人前途著想。

　　同時，先進國家之監獄內，已有公私立大學設置選課班級授課（extention），承認其學分，有機會接受高等教

育，此為我國尚需努力之方向。

第四節 技藝訓練

犯罪矯治機構之監獄、看守所、輔育院等，對於其收容者，為達到訓練技能，以後易於謀生；培養勞動習慣，陶冶身心，變化氣質；增加生產，改善生活；均實施作業。依監獄行刑法第 24 條規定：「作業應斟酌衛生、教化、經濟、與受刑人之刑期、健康、知識、技能及出獄後生計定之。監獄應按作業性質，分設多種工場或農作場所，並得酌令受刑人在監外從事特定作業，其辦法由法務部定之。炊事、打掃、看護及其他及其他監獄經理之事務，視同作業。」因之，監所作業分為監內作業、監外作業、準作業三種。

監內作業之作業科目，初以手工業為主，如木工、藤工、草工、竹工、印刷、糊盒、縫初等，設備既差，規模甚小；嗣因受社會經濟發展影響，漸從手工藝生產，晉入小規模機械作業，作業科目亦隨之更新，因應科技及外銷之需要，如台北監獄無線電天線桿、新竹少年監獄聖誕燈泡、花蓮監獄大理石、台南監獄木工雕刻、印刷等。監外作業多係自設之農場及承攬社會外界之農作、建築參與政府機關房舍之興建，甚至會協助民國 48 年 8 月 7 日臺灣中南部發生水災之重建工作，從事水利、公路、橋樑之建

造。特制訂司法監犯調服重建臺灣災區勞役實施暨減刑辦法，對參與重建受刑人，以勞役工作記分考核，辦理減刑、刑期折扣計算，及出獄後防止再犯等措施。而各監獄組成外役隊，分布臺灣各地區從事承攬各項建築工程、農地墾植、廳舍修繕、耕地復舊、農路護岸興建工程等。

　　司法行政部為積極發展外役作業，特制訂「外役監條例」。將原各監獄成立外役隊之形態，擴充至低度安全管理之開放式監獄。外役監條例主在積極參與經建工作，以減刑或縮短刑期方法，獎勵工作情緒，於民國 49 年 12 月 9 日完成立法程序，51 年 6 月 5 日公布施行。臺灣地區先後成立臺灣武陵外役監獄，位於台東縣鹿野鄉瑞豐村明野二號；臺灣明德外役監獄，位於台南縣山上鄉玉峰村明德山莊一號；臺灣自強外役監獄，位於花蓮縣光復鄉大全村建國路一號。

　　職業教育、技藝訓練，裨益於受刑人謀生技能之培養，達到減少再犯自力更生之行刑目標。其中發展過程可以分為兩個階段。其一為與各級職業學校合作辦理技藝訓練班。最早者厥為臺灣台南監獄於民國 50 年與臺灣省立台南工業職業學校合作辦理車床班，其作品曾參加全國職業教育成品展覽，頗獲佳評。接著技藝訓練班擴展至各監獄，先後計有臺灣宜蘭監獄與省立農業職業學校合作之農藝班；臺灣台北監獄與省立台北商業職業學校合辦珠算班，與省立桃園農業職業學校合辦綜合農藝班，另與台北市立圖書館合辦點字圖書抄譯班；臺灣新竹少年監獄與省

立新竹高級工業職業學校合辦機工、室內配線、汽車修護等班；臺灣台中監獄與省立台中商業專科學校合辦高級簿記珠算班；臺灣雲林監獄與省立虎尾高級農工職業學校合辦室內配線班；臺灣嘉義監獄與省立嘉義高級工業職業學校合辦木工班；臺灣台南監獄與省立台南高級農業職業學校合辦園藝班；臺灣高雄監獄與私立高英工商職業學校合辦車床班；臺灣屏東監獄與省立屏東高級工業職業學校合辦電工班；臺灣台東監獄與省立台東高級工業職業學校合辦室內配線班；;臺灣花蓮監獄與省立花蓮高級工業職業學校合辦電工班等。

　　第二階段係各監獄為加強職業訓練，增加出獄及就業機會，乃向行政院勞工委員會職業訓練局辦理職業訓練機構登記，計有台北、新竹少年、台中、雲林、嘉義、台南、高雄等監獄，自行設班辦理技藝訓練，結訓時參與技能檢定考試，經評定及格者，取得主管機關核發之證書，有助於復歸社會，就業謀生。

評

　　監所作業之科目在於提供受刑人之作業機會，首先是科目種類不夠眾多，無法適應眾多受刑人需要，受刑人本來藉從事作業，一方面習得技能，以備出獄後謀生，二方面監所作業的生產，既可增加國庫收入，又可儲蓄所得工資，作出獄之用。臺灣監所作業，既受作業科目限制，而僅有作業，多屬手工業，不足賴以出獄謀生工具。與社會生產技術脫節，主要原因是監所作業之投資，缺乏專才統

籌，所任用之作業導師，無法發揮作業指導功能，因為導師本身技術有限，或不能隨作業科目需要而加以調整，因此無法隨社會發展而跟進，永遠落在後頭，記得作者擔任臺灣台北監獄典獄長，時在民國 57 年中季，所增設之裝配天線（antenna），其時已是廠商無法在社會找到工人所以在監獄所設置，因其工資低廉，缺少技術，此一生產佔監獄內數個工廠，直至今日，猶為台北監獄主要生產，在監內受刑人何能出獄後依此為生。

　　監所內除參加工廠作業外，并另有技藝訓練班，訓練生產技術，如農藝、車床、汽車修護、園藝、配線、電工等。有些種類，確有實用價值，如車床、電工、配線、汽車修護之類。但多數是各級職業學校由教育行政機關分配之班級，在社會上無法招到學生，移至監獄內以受刑人為對象，施以訓練，說明這類技藝為社會所不願意從事之職業，如農藝、園藝等，就如農業學校，無法招到學生一樣，很少年輕人願意從事的職業。受刑人也無意參加，因為參加不在學藝的目的，而在有更多活動空間，與外界接觸機會，出獄後可否藉以謀生，另當別論。

　　至於技藝訓練水準，將來作從事職業基礎。每次技能檢定，檢定的官員就如同甄試教育一樣，以無比寬厚的胸懷，從寬給分，百分之一百通過，每個受刑人事先知道如此，就平素不認真學習，無形中降低技藝水準，有害未來服務社會能力。監所作業制度本來是個值得討論的課題，它必需具企業經營觀念，工商管理的能力，投資生產的遠大

眼光，與監所官員保守角色心態，本不協調，也無比能耐，美國設有聯邦監獄作業公司，由該公司經營，日本則有獄政管區統籌，作大型作業規劃，臺灣則大小監獄、看守所各自獨立辦理，無法有重大突破進展，是以監獄作業制度應作通盤根本之考量。

第五節　衛生保健

　　監獄、看守所內設置衛生科（課）之組織，旨在維護收容者人類健康之基本權利。衛生科置有醫師、藥劑師（生）、護士等人，以醫師兼任衛生科長，多來自於軍中醫療機構服役期滿，經轉任考試及格者擔任。監所衛生醫療實務，包括收容者健康檢查、傳染病預防、疾病醫治、病監管理、以及保外醫治。疾病治療可分為前往舍房、工廠作定時巡迴診治，以及病患逕至衛生科治療。嚴重之病患，依監獄行刑法之規定，可依病情不同而分為下列之處置：初則留在病監治療，監內無適當之醫師，可以請准自費延醫治療，或特約監外醫師協助；監獄行刑法第 58 條規定受刑人現罹疾病，在監內不能為適當之醫治者，得斟酌情形，報請監督機關許可保外醫治，或移送病監或醫院。所謂移送病監係指法務部所轄之各專業病監，但移送醫院，則擴及其公私立醫院而言。而保外醫治乃係病患交保由其家屬或關係人作適當之處理；其保外醫治期間，不

算入刑期之內，但移送病院時，視為在監執行，因仍有戒護人員負責。

監所衛生在歷次監獄行刑法及有關法律修正之際，不斷提高醫師、藥劑師（生）、護士之人數標準，以期改善監所衛生之人力資源，進而在政府預算中編列醫藥費用增多，以民國 80 而言，一般受刑人每人每年新臺幣六八六元，病監受刑人每人每年新臺幣 6,000 元，精神病收容者每人每年新臺幣 12,000 元，除此之外，並另編受刑人疾病注射藥劑塑膠針頭費材料（各監總預算）每年共計新臺幣 870,000 元，受刑人被告急、重病送醫治療補助費專款新臺幣 769,000 元，撥付無力負擔醫藥費用之貧苦人犯。醫療設備之增購，亦逐漸擴充，例如 X 光機、腦波檢查儀以及救護車等，藉以提升醫療服務之品質。

專業病監之興建為監所衛生設施重大改進。其一為臺灣基隆監獄，專以收容肺病人犯為主，原為基隆海員醫院醫址，不斷加以改建擴充。民國 49 年 7 月 1 日成立，奉前司法行政部 64 年 1 月 3 日以臺六四函監字函，指示專收開放性肺結核症，或患染開放性肺結核症而病情嚴重之受刑；應作有效之治療，充實治療結核病第一、二線多項藥品，改善營養，以發揮肺病病監功能。

其二為臺灣台北監獄樂生麻瘋病分監。麻瘋病係屬傳染性病症，依監獄行刑法第 53 條規定，應隔離收容。麻瘋病犯隔離收容原為借用台北縣新莊迴龍之臺灣省療養院內部份土地，興建二層樓舍房，收容麻瘋病犯十名以下，

請療養院醫護人員支持治療工作，台北監獄派有戒護人員，擔任戒護工作。至民國 54 年經奉行政院核准為台北監獄分監，專門收容麻瘋病犯。設有分監長及戒護人員，但分監未奉頒印信。

其三為精神病分監有二：臺灣台北監獄桃園第一分監及臺灣台中監獄草屯分監。桃園精神病分監原係臺灣台北監獄於民國 58 年借用臺灣省立療養院（台北市虎林街）病房，收容精神病犯，醫療業務由該院支援；后因臺灣省立療養院變賣虎林街舊址，於民國 65 年於桃園市購買土地興建臺灣省立桃園醫院及臺灣省立桃園療養院，同時於新址亦撥地興建臺灣台北監獄精神病分監，於民國 68 年 12 月 20 日成立，計有獨居房二十五間，雜居房八間保護房四間，鎮靜室二間及辦公室等，核定容額六十二人。臺灣台中監獄草屯分監，係因各地監獄精神病患增多，桃園分監不敷收容，法務部經與行政院衛生署咨商，在南投縣草屯鎮臺灣省立療養院附近設置精神病分監，於民國 78 年 11 月完成，計有獨居房三十六間，雜居房十間，鎮靜室五間，保護房五間及辦公室、廚房等，核定容額一〇六人。

評

寫到監所衛生部份，聯想到監所衛生之負責人醫師兼衛生科長人選，犯罪學始祖朗布羅梭是由軍中退役的醫生，轉任監獄內擔任醫師，因他富有研究之心，研究犯罪人何以會犯罪，本其醫學的科學基礎訓練，創設犯罪人類

學派，以科學方法研究犯罪人先河，對犯罪學供獻至鉅。臺灣各監獄看守所的醫師兼衛生科長，百分之九十也均是由軍中退役下來，今外從同。但是，軍中退役醫師，有些僅俱有衛生行政人員資格，同時對受刑人治病，沒有人去推敲會否有問題。

監獄看守所病犯因醫師人手不夠，有時運用原有醫師資格的受刑人協助。對監所病犯以住病房是監所內第一等待遇，所以無病、托病的都想住入病房，記得筆者在台北看守所服務期間，監察委員何濟周來所視察，特別注視在看守所病房內是否住的都是病犯，他以自己的看法隨便說，張三沒病，不必住病房，李四沒病，住病房一定是化錢的，亂說一通，弄得衛生課長無法辯解。未過三月，何濟周自己因案收押在台北看守所，要求請住病房，衛生課譏諷說，他曾為監察委員住病房，其他被告更會講話，無法照辦，后仍因其年歲已大，的確有病，仍准其住病房，此說明社會上均以懷疑眼光來看監所業務，對監獄工作人員不予信任，令人感嘆。

的確，很多曾在社會有地位人士，一旦入獄均想利用疾病之理由，獲得額外待遇。臺灣台北監獄精神病分監的設立，其來由是台北監獄有數間病犯收容精神病犯，因為黃豆案所判罪的數位中央民意代表，希望此幾間病房住得比較舒適，就由他們同僚協助由臺灣省政府衛生處所轄之臺灣省立療養院幫助撥十間病房給台北監獄收容精神病犯，地址原在台北市松山虎林街，這樣他們可以得到目

的。現在的精神病分監就是因為虎林街地皮出售搬至桃園新建的房舍，此段歷史非當時參與者無法知曉。

當時的數位中央民意代表，記憶所及有孫○琳、徐○佩、于○洲等，因為他們在監執行徒刑，造成獄政頗大困擾，利用所有關係，使用壓力期望獲得特權，他們可以外出看病的理由，早上出監由管理員陪同返家，約好朋友打牌，玩到下午才再回監，自愛的先到醫院掛號，不自愛的，尚嫌管理員陪同為多事。如此不公平的刑罰執行，令人氣憤不已。

接著是保外醫治的問題，「受刑人在監不能為適當治療者，得保外醫治。」理應病情嚴重，必須外面醫師的治療，方准保外。可是到了民國 75 年左右，先是以保外醫治之名義，逃避刑罰執行，保外後永久不返，形同釋放；甚至民國76、7年政治情勢轉變，將某些受刑人以保外醫治名義釋放，保外醫治者照理是患重病的受刑人，可是保外後隨即參加遊行示威，現身於政治運動場所，余曾於人權協會開會提出，使真正有病在監的受刑人，如何心服，造成更大的心理不平衡，增加反感。犯罪學家曾謂：不公平的刑罰執行，祇有增加更多的犯罪。

第六節　戒護安全

民國 35 年 1 月 19 日監獄條例公布以前，適用監獄規

則，負責監獄內之戒護安全之單位，為監獄內組織之第二科。監獄條例實施後原有警衛課之設置，依法擔任監獄之警備及受刑人戒護等事項，於該條例第 6 條有明文規定共有 12 項內容。

民國 57 年 6 月 12 日監獄條例第三次修正之際，監獄條例改為監獄組織條例，警衛課也變更為戒護科。其所掌理事項中，除將原有之「關於作業之督促及作業器械之收發檢查事項」予以刪除，及增列「其他有關戒護事項」外，其他各項僅作文字上的整理，並無太大區別。

監所戒護安全首重勤務制度，管理人員依勤務制度作人力分配。擔任警備戒護人員與受刑人朝夕相處，影響至大，原名為「看守」、「看守長」。民國 43 年 12 月 25 日監獄條例第一次修正時，改為「管理員」、「主任管理員」，並比照警察機關警員，其官階仍為委任，以便提高任用資格，有助於監所風紀及管教功能。

監所之戒護業務依其性質，將管理人員依勤務制度不同，作適當之調配，隔日制係沿襲日據時代之舊制。即將全部戒護科勤務人員分為三班，一班為日班，擔任工廠等單位戒護之主管工作，每一工廠、舍房（日間不作工）、廚房、掃夫等單位配置一人，於每日早晨七時來監，下午六時離監（夏季及冬季略有不同，夏季較早，冬季較遲），中間有三分之一或四分之一時間交代休息，與各單位受刑人作整日接觸，擔任受刑人品行考核、獎賞、處罰、工作分配等日常生活管理之責任，約佔所有戒護人員

三分之一。其餘三分之二，再分為甲、乙兩班輪流隔日來監，留監時間應為二十四小時，但工作約十六小時。白天擔任工作為巡邏、崗哨、工廠、廚房等單位之交代勤務。平均一小時半休息半小時，晚班於日班下班離監，及全體受刑人返回舍房休息時，擔任舍房、崗哨戒護勤務。換言之，每日自下午七時起至翌晨七時仍有三分之一至四分之一為休息時間，即每工作二小時或三小時有一小時的休眠時間。

　　隔日制之甲、乙班管理人員，雖留監全日二十四小時，但白天擔任「交代」勤務約有三分之一休息，夜間擔任舍房崗哨、巡邏等勤務，亦有三分之一為休息睡眠時間，加以次日全日返家休息，共計兩日四十八小時之內，工作約十六小時，其餘均為休息時間。日班自上午七時至下午七時在監時間內，其中因甲（乙）班之交代有三分之一時間休息，每日工作時間，亦為八小時。隔日制之優點，由於規定甲、乙班及日班勤務日內，不可離開監內，人力集中，白天人犯活動時間內有三分之二管理人員在監內，戒護力量較強。夜間受刑人全部回房舍內仍有三分之一人力擔任警備工作。缺點是甲、乙班勤務人員四十八小時內，前二十四小時工作十六小時，過於疲勞，至於第二日之休息日，未能真正休息，從事副業，次日再行勤務，則更加辛苦，對戒護工作反而有不良影響，因此，日據時代嚴格執行休息日離開宿舍時，仍應請假，以便掌握戒護人力。

　　管教區責任制度亦是受刑人日常活動管理輔導方式。將全監依地理位置，各工作單位性質，分為數個管教區，為鄰近之二、三個工廠、舍房、廚房等，劃為一管教區，每個管教區分配科員（或主任管理員）、管理員（工廠主管）數人（戒護人員）、教誨師一人、作業導師一至二人，組織管教小組，負擔處理該管教區內各項有關事務，發揮小組工作（team work）效果。戒護工作人員為監所安全維持主要幹部，工作時間較長，責任較重，為使勞逸與待遇相當，法務部對工作超時加班部份，以酌發「值勤費」之方式，作為每月薪津外之報酬。

評

　　監所戒護就所有臺灣監獄的分類為：高度安全、中度安全、低度安全、開放式的數種，它是倣照日本、美國而來。分類的目的在於便于處遇。美國因為心理學、精神醫學、社會工作等知識及技術發展迅速，這些學科的專家已能在犯罪矯治學術上貢獻所學。如此分類是有這些專家依科學過程加以鑑定，尤其本諸受刑人的精神狀況、心理現象作危險程度認定標準，我國既無合乎標準的接收中心，也無專家配置，更無依危險性厘定標準，僅以刑期、罪別作為分類的依據，加以各監獄設備，並非依分類所作的硬體、軟體設計，何能談到分類處遇。就如調查分類一樣，僅將名詞移譯而已，分類處遇效果無法預期，而且移譯後經過二十年猶未改進，主要的是事先既無充分準備，主其事者，對此並無學識根基之故。

　　監獄內主要組成份子，為管理人員及收容人犯，此兩大集圈，有謂本來是對立的，於是隨時會發生意外事故。作者曾以為管理人員在於幫助收容人犯，一方面接受教化，二方面平安的走回社會，而每一個人犯也都希望安全的在監所內度過刑期，目標應是相同的。若本此目標應該可以攜手合作，就如學校、家庭以及其他團體，沒有兩樣。一旦彼此未能認清目標，管理手段發生問題，人犯心理與管理員心理間，存有互不信任，猜疑，以為用激烈手段可以達法外企圖，彼此對立因而產生。

　　其實，絕大多數人犯，希望在有制度、有秩序、安全的環境中生活，而快速的走出監所。極少數想利用紊亂中獲得不法利益，於是監所警衛、戒護的重要性，不言而喻。在監所公權力不能保護守法安分的人犯，監所事故會繼續發生，因為人犯必須求諸監所內非正式團體（informal group）來保障安全，而這些非正式團體也就是監所內非法集團，從事違反監所紀律的勾當，甚至作對抗獄政管理的力量。監所就無法達成「治療團體」的目的，反而成為培養罪惡的溫床，所以，監所戒護應為監所內第一要務。

　　然而，監所不是以監所戒護的安全、秩序為終極目的，甚多短視的監所負責人，只求監所不發生事故為已足，其他不求努力。胥知監所戒護是監所業務之基礎，安定中才能推行作業、教化、矯治方能著手，可是若放棄積極性的犯罪矯治工作，僅作消極性的監禁，則非犯罪矯治

專業人員應具備的態度。

　　政府遷臺六十餘年，監所戒護中的監所事故，雖然有公文書記載，但缺乏有系統的研究，據作者記憶所及自民國 38 年至民國 45 年間，各監獄內軍事犯與司法犯打架、鬥毆事件有多次發生。臺灣台南監獄於民國 40 年底的軍事犯與司法犯鬥毆事件，驚動當地駐軍軍法單位及司法單位共同解決，軍事犯中以外省人為多，司法犯當然以本省籍為主，或者一因軍事犯待遇優厚，以士兵待遇，而司法犯的囚糧相差甚大，二因是彼此省籍語言隔閡。其他監獄亦有類此糾紛，直到國防部次第成立軍人監獄，將軍事犯移出後，方才平息。

　　其次為民國 45 年初臺灣台北看守所的人犯暴動事件。由於一個死刑犯出庭返所，加釘腳鐐問題，全所被告鬧房，聲達所外司法人員宿舍，因此招來憲警彈壓，更因處理違規鬧事被告，將人犯膀臂打斷，事體鬧得所長無心工作，士氣消沉，只有調動人事收拾殘局。臺灣台北監獄於民國 57 年初的人犯在監內殺死人犯事件，其實當監獄內已到無法管理的境地，人犯互殺是監所紀律戒護廢弛的結果。管理人員與人犯間成為敵對，互不信賴，管理人員以「修理」手段鎮壓，人犯以「鬧房」方法回敬。其嚴重性隨時有殺害對方的可能。管理員家屬謂：我們先生上班後，我們提心吊膽，晚上是死的活的來都不知道。令人怵目驚心。經過人事大幅調整，重整監獄紀律，經過一年方才步入正軌。

　　接著更較為重大者，則為臺灣新竹少年監獄人犯暴動燒毀舍房，當時監獄內興建工程凌亂以及戒護人員與其他科室內人員，互相衝突有關，人犯利用空隙，挑起此一事故，結果是人事經過調整，次第平息。至於其他為臺灣台中監獄重刑犯外出，以看病為由與太太幽會，臺灣台東監獄管理員利用職權與人犯太太通姦，可見監所人員紀律敗壞，雖非監所內戒護，但這些均足以影響管理是無疑義的。

評

　　臺灣監獄及看守所不斷發生的事故。台北地方法院看守所被告吳國俊，懸樑自殺。臺灣台南監獄管理員蕭慶典，被控於任職期間，在受刑人監舍中開設賭場，及販賣速賜康。後又有台北地方法院看守所管理員洪舜榮、孫永安兩人，利用值勤的機會，繼續替七名在押的煙毒犯，夾帶毒品，均判處徒刑。司法行政監督機關對所發生事件，均不稍寬容，予以法辦，並處分有關失職人員。

　　不過就發生的事故，仔細觀察，這些僅是見諸報端的監所管理員不法事件，相信尚有較多的案件，未為新聞界所報導。而且管理人員在舍房內販賣非嗎啡，或開設賭場或出售速賜康等類似事故，看起來似屬一件單純的違法事實。胥知這些事實是蘊藏於更多的不良環境中的，所以說：更多的管理人員敲詐、勒索、販賣香煙、為人犯傳遞書信、夾帶違禁品等，未為主管機關發現的，應該仍有存在。司法行政當局刻意的為監所業務創設新猷，似乎忽視

了已存在的積弊，「新猷」若無清潔的環境條件，易於變為不肖的監所工作人員，追逐利益的機會。

現代科學上，稱監獄及看守所，為犯罪矯治機構，因為他們擔任犯罪行為矯治及感化的功能。犯罪矯治功能的發揮，應是在矯治的環境條件內產生。犯罪矯治的目的，是人犯接受矯治教育後，改過遷善成為守法、公正、誠實的善良國民。為達到此一矯治目的，監所內必須講求法紀、公平正義、是非分明、誠實不欺的所在。從監所發生不法事例來看，實際情形，並非如此。犯罪矯治機構內也有違禁品銷售，詐騙財物事實，營私舞弊，弱肉強食等存在時，身教重於言教，欲期產生感化及矯治的效果，是件不可能的事。

市上出現一本「錯誤的第一步」，作者王進川君，曾有在台北監獄、嘉義監獄、花蓮監獄、台北地方法院看守所、台東地方法院看守所、花蓮地方法院看守所等處，服刑或羈押的經驗。其內容報導監所內的一切，固然不能相信其有百分之百的真實性，但仍有視為檢討改進的參考價值。尤其是負司法行政監督責任的單位，若虛心接受所敘述的情節，會求出今後改革的方向（尚有臺灣名人李敖亦著文述及監獄弊端）。

前些年，司法行政當局努力改革新監所業務，於工作報告中看出，成果斐然。但是，有些缺失，仍為人犯出來監所後流傳著。例如房舍、工場的分配；調用什役、移住病舍、保外醫治、累進處遇記分、升級、辦理假釋等，均

應有嚴格具體的執行標準，杜絕間隙，以防不法份子假藉職權，滋生弊端。當然，監獄與看守所，由於收容份子複雜，本身就是一個特殊機構，加以服務於監獄與看守所的工作人員，待遇菲薄，不為社會所重視，操守不堅，意志薄弱之輩，極易受不良環境所誘惑，發生不法事件。

綜上所述，我們以為：目前監獄及看守所，只重視機構內秩序維持，短暫安定，這是消極而不能符合社會期待的，何況監所內積弊，仍在蔓延。司法行政當局宜深入基層，瞭解問題，以素為社會所稱道的李元簇前部長大刀闊斧的手腕，先求清除積弊，再求積極性的發揮犯罪矯治效果。拋棄傳統的重審檢輕監所的觀念，同時注意監所工作人員地位的提高，待遇改善，監所事故方期能減少。

評

監所內人犯禁止持有現金，是監獄行刑法第 69 條規定：受刑人攜帶或送入之財物，由主管人員代為保管；而受刑人之金錢及物品之保管，有法務部訂定之辦法規定辦理。受刑人禁止持有現金，不僅我國監獄及看守所如此限制，歐美、日本等國家，亦莫不如是規定，原因是受刑人持有現鈔，在監獄內流通，由於現金上無特殊標幟，無法辨認何人所有，及自由交易易發生弊端。

所以，某些國家監獄看守所內，自行發行可以在內部流通紙幣或硬幣，有些根本就禁止使用代用幣券。我國監獄、看守所於臺灣光復之初，尚未使用代用幣券，後因方便監獄及看守所人犯使用被保管之金錢，開始使用幣券，

比往昔僅用帳摺支付被保管之金錢，便利殊多。但對有違
規意圖之人犯，仍有利用管理員、外聘教師等帶入現金，
以達其違規之目的。

　　監獄、看守所人犯具有持有現金之意念，亦即獄內生
活違規的開端。本份的人犯，已可以用正當途徑，使用自
己被保管之金錢。一但持有現金，首先是賭博盛行，用現
金賭博，與以物品為賭注之賭博，其樂趣截然不同，而且
形成在人犯中之高級享受。以現金購買違禁品，如煙、
酒、嗎啡等，易於為售者所接受，價格亦有差異，以及享
有被其他人犯服務之情事，因為現金具有極大誘惑力，故
樂意為之。

　　在人犯社會中，另一為外界人士所不易瞭解現象。是
為持有現金者，數額愈多，於人犯間顯示出地位超群，身
份特殊。不是具有異於他犯關係，是無法達到持有現金之
目的，如同一般社會中，看到一些持有美金、英磅、法郎
等之人，確屬不同凡響，傲視群犯。監獄、看守所本是社
會上犯罪者聚集之所，欲求其與正常社會，同樣守法潔
淨，是件不可能的事，夾帶現金入監，是有歷史性。不
過，往昔僅是人犯私自藏匿及管理員個別授受，發覺後人犯
及管理員受到監規及行政處分。可是，目前所查出之私運
現金入監，情形就有不同。

　　從案情來看，是由在監所內之人犯，先與管理員建立
關係，然後囑其家屬在監外與管理員連繫，監所內其他人
犯利用此一孔道，紛將現金轉達監內，成為一有組織之牟

利集團，已不是個別私自為之，至少有監內、監外、管理員、人犯多人之參與，非一日可就。他們除了輸入之現金，扣除百分之二十之利潤外，此一組織於監所內管理方面，更有相互關照，利害與共，造成管理上之問題。似此非僅獲得輸入現金之所扣利益而已，而是整個監所紀律與秩序上阻礙，不是具有監所實務經驗者，實不易洞悉。

監獄、看守所內人犯持有現金，購買違禁品，賭博等，尚屬監獄管理上次要問題，人犯持有現金，更為監所發生事故之導火線，械鬥、兇殺、逃脫等均會由此而起。計劃逃脫之人犯，首先必有現金，增加其膽識，逃出大門，方有交通工具可以使用；重金之下，必有勇夫，兇猛狠鬥，無所不用其極。最重要的，是在監內受刑人，與管理員勾結，以輸入現金而求利，坐牢尚可利用環境營生，離犯罪矯治之目標，相去太遠，我們希望法務當局，除弊務盡，勿以等閒視之。

評

新聞報刊接連登載：「香菸偷渡進入監所」，以及立法委員李宗仁質詢：「依照規定受刑人禁止吸菸，監獄管理非常嚴格，但仍有香菸流入，其價格高至三百元，五百元，甚至六百元不等，此種現象顯示監獄管理人員操守有問題。」監獄、看守所禁止吸煙，是我國監獄行刑法第四十七條所規定，該法係為民國三十五年一月十九日由國民政府公佈施行，迄今三十五年，曾經多次修訂。於每次修訂時，均曾對受刑人禁止吸煙，是否有繼續維持之必要，

加以審酌。

　　目前的監獄、看守所，雖然都在執行監獄行刑法人犯禁止吸煙的規定，其實際情形，並不為想像容易達成的。監獄與看守所內，香菸仍舊流傳，其價格因監所不同及時間不同，行情隨時在漲落著。有無繼續禁止必要各方看法見仁見智至於監所內香煙之來源，就監獄實務專家的瞭解：（一）是入監入所還押時，疏於檢查而帶入。（二）是人犯家屬、親友預先藏置送入之物品中。（三）是水電營繕工人等在監所工作時，攜帶而來。（四）是隨作業材料搬運而來。（五）是雜役藉進出之便帶入。（六）是出監出所人犯隔牆拋擲入內。（七）是監所不肖管理人員轉售人犯。

　　監所管理人員違規案件中，多與受刑人禁止香煙有關，依據法務部李元簇部長，答復李宗仁委員質詢中說：「目前監所管理人員受罰的案子中，十樁案子就有七、八樁是因為香煙問題。」監所人犯吸食香煙，應否禁止，每屆修正監獄行刑法，尤其是往年，每年司法行政檢討會議時，都曾熱烈討論著，有贊成禁止及反對禁止的兩種主張。一般說來，贊成者的理由是：一、監獄與看守所，禁止人犯吸煙，可以避免火災，二、監獄是執行刑罰，看守所是羈押刑事被告，均拘束人犯自由，禁止吸煙，亦是在自由限制範圍之內，三、吸食香煙係屬不良習慣，浪費金錢，有害身體，應予戒除。

　　主張廢除監獄、看守所人犯禁止吸食香煙之規定者，也曾列舉出甚多理由，支持其砍法。其中較為重要者為：一、禁煙是為避免火警的說法，實不可靠，今日的監所建築物，已非昔日可比。監獄實務專家指出，因為禁煙，使得煙頭火燼，隨地藏匿，反易引起火災，台中監獄曾有失火案例，二、禁止吸煙，已非自由限制範圍，因為刑罰之執行，並非以限制自由為鵠的，而以矯治犯罪行為為主要，吸煙與犯罪行為間，實缺乏關連性，三、吸食香煙行為，已隨時代轉變而改變，息日視吸煙為不良習慣，今日視為日常必需，以今日世界上吸煙人口之眾，足可證明，四、吸食香煙者，於監獄、看守所單調、枯燥、煩悶、緊張的生活中，並非無法戒絕，反而增加其情緒不安。其需要之程度與戒除之困難，亦唯有吸煙、戒煙經驗者，與監獄生活經驗者，方能深切體會。所以，有些國家，允許人犯吸煙。

　　基於上述反對與贊成之論點，形成顯著趨勢，監獄實務經驗的工作者，多數贊成開放之主張；而缺乏實務經驗者，部份贊成開放之主張，部份反對開放煙禁。由於當時司法行政主管機關，參與修訂法案者，監獄實務工作人員，無發言權，以致迄未成為修正案。於臚列監獄、看守所有關禁止人犯吸煙之資料後，我們以為：由於時代的演變，監所人犯禁止吸煙之規定，應加以檢討其必要性，以及可行性，法務部不妨訂定專題，著手監所人犯吸食香煙禁止規定之研究，求得客觀、真實、正確的資料，可作為

修訂法規及制定政策之依據，此為現代政府應有做法，不宜昧於偏執之觀點。

我們驚奇的是：往昔監獄實務工作人員，由於實務的體驗，努力促使監所人犯開放煙禁，今日監獄看守所實務工作人員，反而拙於提出開放煙禁之有力理由。雖然監所界，為了香煙問題，犧牲了數位負責心強，直言無隱的監所首長，令人惋惜。但是，我們仍不能不指出：今日公務人員何以失去往日的說真話，反應工作上實際情況與意見，對國家、政府、職責忠誠之心，感到心悸不已。

第三章　少年事件處理

第一節　沿革概述

　　我國少年司法制度（Juvenile Justice System）之設計，係仿照歐美先進國家，將少年事件處理，於刑事司法外之獨立體系，本諸少年事件處理法之制訂、公布、實施。

　　少年事件處理法係民國 51 年 1 月 31 日公布，全文計八十條。民國 56 年 8 月 1 日、60 年 5 月 14 日、65 年 2 月 12 日、69 年 7 月 4 日，先後多次曾加以修正。第一次之修正，該法雖經總統公布，並未實施，而第二次修正公布後，方始實施（60 年 7 月 1 日）。第三次修正幅度至大，係就實施後經驗所得，及強調保護精神。綜觀該法立法精神，有別於刑事訴訟制度之特色，列舉於後：

　　1.明訂少年之年齡：少年事件處理法第 2 條指出：本法稱少年者，謂十二歲以上，十八歲未滿之人。但未滿十二歲之人，有觸犯刑罰法令之行為者，由少年法庭得適用少年管訓事件之規定處理。

2.規定少年虞犯行為：該法第 3 條第二項列有七款虞犯行為。

3.成立少年法庭：地方法院內設置少年法庭，處理少年事件，截止民國 80 年，計有台北、台中、台南、高雄四地方法院設有少年法庭，配置專任法官，執行少年案件審理工作。

4.採用觀護制度:觀護制度係倣照歐美之 Probation System 所設置，任用專業觀護人，設立收容少年之觀護所，執行少年案件調查、診斷、與治療之科學化處遇功能。

5.少年法庭之先議權：少年觸犯刑罰法令之行為，應依刑事案件程序處理，少年事件處理法將少年刑事案件依法分為絕對刑事案件及相對刑事案件。相對刑事案件，由少年法庭依調查結果，而依少年品行、性格、經歷等情狀，以受刑事處分為適當者，得以裁定移送於有管轄權之法院檢察官。此謂之先議權。

6.以管訓代替刑罰：少年刑事案件中之相對刑事案件，本應依刑事訴訟程序處理，結果為受刑罰制裁。但經少年法庭先議權，得不移送檢察官，依管訓事件處理，結果受管訓處分宣告執行，係為以管訓代替刑罰。

7.審訊袪除刑罰色彩：少年事件處理法第 34 條規定，審理不公開。以及同法第 35 條規定，審理應以和藹懇切態度行之。不採用刑事訴訟法公開審理之原則，和刑事法庭法官之威嚴凜然態度。

8.採取不定期刑精神：少年事件管訓處分中保護管束及感化教育之執行，其期間由法官宣告於三年以內；但執行已逾六個月，著有成效，認為無繼續執行必要者，觀護人得檢具事證，聲請少年法庭免除其執行；而感化教育，得經由執行機關檢具事證，報請上級主管機關核准免除或停止其執行。

9.褫奪公權之禁止：少年事件處理法第 78 條規定，對於少年不得宣告褫奪公權，以及少年受刑之宣告，經執行完畢或赦免者，適用於公權資格之法令時，視為未曾犯罪。

10.緩刑及假釋條件放寬：少年事件處理法第 79 條規定，少年受三年以下有期徒刑、拘役、或罰金之宣告，合於刑法第 74 條第一、二款之規定，認為以暫不執行為適合者，得宣告緩刑。同法第 81 條規定，少年受徒刑之執行而有後悔實據者，無期徒刑逾七年後，有期徒刑逾執行期三分之一後，得予假釋。

少年事件處理法尚有規定少年刑事案件，除殺害直系血親尊親屬，不得處以死刑及無期徒刑；少年法定代理人，因忽視教養，致少年再有觸犯刑罰法令之行為，有處以罰緩、及公告其姓名等規定。

評

少年法庭法官多將少年事件處理法視為寬大法律，徒刑之減輕及假釋、緩刑放寬、禁止適用死刑、無期徒刑等為著眼點。其實少年事件處理法為科學的法律，雖然，為

執行此一科學法律，尚缺乏人才及設備。但是，其原訂之初，倣照外國法例，基本道理是如此。

其中未滿十二歲之兒童犯罪者，得適用少年事件處理法管訓事件處理，為一大敗筆。當時僅從法理上看，少年有特別法之保護，而兒童仍適用刑法，依理不通，故提出修正案，比照適用。由於法律界缺乏對國外兒童福利之認知，外國兒童犯罪，是由兒童福利主管機關處理，避免進入司法程序，作為保護兒童的最佳利益，法律學者不知此一法律，輕率將兒童犯罪事件，歸入司法程序處理。

少年事件處理法制訂，是我國對少年犯罪走向新的里程，不過少年事件處理法最初仍以少年法之名稱提出，後經改為少年事件處理法，降低法律位階，同時將少年事件的少年法院改為少年法庭。加以迄至目前處理少年事件之少年法庭亦僅有台北、台中、台南、高雄四處地方法院設立。而少年法庭之法官，由於少年事件處理法位階低下，各大學法律學系，甚多未予開設課程講授，彼等未瞭少年法的精神所在，一旦從刑事法庭調來辦理少年案件，無法脫離辦理成年刑事案件的態度。對觀護制度既無完整規劃，亦未要求觀護人辦理案件品質，未能發揮少年事件調查、診斷、與治療功能，整個少年司法制度，並未發揮減少少年犯罪之效果。

評

國際兒童年的活動節目，興起了社會及有關機關對「犯罪兒童」的關懷與重視，於是犯罪兒童的處遇問題，

於甚多的研討課題中，均曾提出。具體的辦法，仍在研究階段，由於犯罪兒童存在事實，不容再行滯留在研究步驟，我們急需拿出妥善的策略。否則，將永遠是在慢半拍的組曲中。

「犯罪兒童」名詞產生，固然是法律上定義，主要的，還是兒童犯罪案件發生。從臺灣刑案統計上看，我國少年犯罪案件處理中，其中未滿十二歲的兒童，以民國58年而論，就有九七二人，十年後，民國67年，有四二八人，雖有降低的趨勢，但其歷年累積的數字，仍是可觀的。

法律上的犯罪兒童意義是什麼？刑法規定，未滿十四歲之人犯罪，無刑事責任能力，應不受刑罰的處罰，但是仍可宣告刑法中的保安處分，有感化教育、保護管束等。自從少年事件處理法公布後，十二歲以上十八歲未滿之人，謂之少年，為少年事件處理法適用對象。少年事件處理法的立法精神，具有保護的意味，也即是說：十二歲以上至十八歲未滿之少年，已受到少年事件處理法的保護。然而未滿十二歲之兒童犯罪時，反而不在少年事件處理法保護範圍以內，似不合乎邏輯。

民國65年2月，研擬少年事件處理法修正案，學者們主張：十二歲未滿之兒童，應列入少年事件處理法保護規定之列。結果將少年事件處理法增列了第85條之一：未滿十二歲之人，有觸犯刑罰法令之行為者，由少年法庭適用管訓事件之規定處理之。前項管訓處分之執行，應參

酌兒童福利法之規定，由司法行政部會商內政部訂定辦法行之。根據此一條文，犯罪兒童亦為少年事件處理法適用之對象，於立法精神上，已獲得與少年同樣的保護。

不過，少年事件處理法規定：犯罪兒童由少年法庭適用管訓事件之規定處理之。管訓事件之處理含有：一為犯罪兒童案件，處理程序，適用管訓事件；二為犯罪兒童處理，引用管訓處分。前者純屬程序問題，不擬論及。其中比較為學者所重視者，是屬管訓處分執行問題。

依少年事件處理法，犯罪兒童可能接受的管訓處分有三：（1）訓誡，或以假日生活輔導；（2）保護管束；（3）感化教育。這些處分執行的方法及執行的場所犯罪兒童與少年犯罪者之間，究竟應否有所區別，係為眾所矚目的。尤其少年事件處理法具有保護的精神，於執行管訓處分時，應隨時警覺到保護措施中，會否產生傷害犯罪兒童心靈的結果，影響其日後人格發展，此是學者們何以講求特別注意執行犯罪兒童管訓處分之原因。

試看訓誡式假日生活輔導，及保護管束，執行處分的人員，為少年法庭的觀護人，或為受委託執行的榮譽觀護人，暨大專有關科系學生。他們於執行少年犯罪管訓處分，所應具備之青少年心理智識，少年犯罪的心理理論，或稱完備，至於對犯罪兒童應熟諳的兒童心理，以及兒童身心發展的智識，恐付闕如，是毫無疑問的。所以於執行之際，某些必要智識的充實，或選擇具有此類智識人員擔任，都是不可忽視的。

　　感化教育處分之執行，少年犯罪者是為少年輔育院。目前臺灣少年輔育院辦理效果如何，報章迭有失望的登載。而或成效卓著，犯罪兒童，可否與少年犯罪者適用相同處所，以及執行少年感化教育之計劃，可否同樣為犯罪兒童所適用，有待慎重考慮。所以，少年事件處理法第85條之一第二項規定：應參酌兒童福利法之規定，由司法行政部會商內政部訂定辦法行之。可惜自民國 65 年迄今，尚未見商妥辦法，解決兒童犯罪之管訓處分執行問題。

　　我們以為：兒童福利法第 4 條，訂有家庭寄養之規定。政府社會行政主管機關，應積極建立家庭寄養制度，釐定「寄養之家」之條件與管理辦法，准許設立「寄養之家」，運用社會資源，以寄養「犯罪兒童」，為兒童福利貢獻力量，彌補兒童福利法及少年事件處理法施行多年以來，均未做到的事。

評

　　臺灣近年來兒童犯罪比率，急劇增加，家長應該提高警覺。兒童犯罪，早年曾統計，四至九歲的僅有三人犯罪，九至十歲九人，十至十一歲二十二人，十一歲至十二歲二十五人；時隔五年，九歲以下犯前已增至五人，九至十歲二十二人，十至十一歲五十八人，十一歲至十二歲九十四人，增加比率相當高。刑事警察局並稱：兒童犯罪有一個特點，就是到了少年法庭的犯罪兒童，都是再犯。

　　國內有些學者，不主張使用兒童犯罪，或犯罪兒童的

名詞，但是兒童犯罪確是事實。法律上所指兒童犯罪，係未滿十二歲之兒童，觸犯刑事法令而言。依據少年事件處理法第 81 條之一的規定，由少年法庭適用少年管訓事件之規定處理之。

事實上，法務部統計處的統計數字顯示：民國 65 年十二歲以下兒童犯罪者有一百六十三人，佔所有少年犯罪人數百分之一點八三，民國 69 年兒童犯罪者有三百七十人，佔少年犯罪人數三點六七。無論兒童犯罪數字及佔少年犯罪人數百分比，都有急速成長。

一般言之，兒童犯罪的原因，多係由於家庭破碎，失去父母教養，父母管教不適當，父母忙於生計，與子女無相當共處的時間，兄弟姊妹間犯罪習慣的濡染，友伴的不良影響，離家出走遊蕩中為成年犯罪者所利用等等，是以家庭仍為犯罪兒童之主要因素。

少年事件處理法規定兒童犯罪，以少年管訓事件處理之，其結果交付感化教育，保護管束，以及訓誡三種管訓處分。少年犯罪者之感化教育執行處所為少年輔育院，保護管束之執行官員為少年法庭之觀護人。因此兒童犯罪之感化教育處分與保護管束處分，其執行機構、執行方法，及執行官員，應否同為少年輔育院及觀護人執行，應該加以深究的。

先談感化教育之執行處所，少年輔育院之收容學生，依年齡而言，高者可至二十一、二歲之青年，小者亦至少有十三歲以上，就生理、心理發展來說，其與未滿十二歲

之兒童，其間差距至巨。因之，其教育方式，生活行為訓練，精神需要的滿足，應有很大的不同，就如同正規教育制度中的小學教育與中等教育差距相類似，若仍使用收容少年之少年輔育院，同時執行兒童感化教育，欲求達到感化教育效果，會令人失望的。我們於犯罪兒童日益增多的今日，應即早作有效的安排。

　　歐美社會已建立了兒童的「寄養之家」制度，收容犯罪兒童，我國「寄養之家」制度，也應積極從實驗進至推展階段。此外，將犯罪兒童收容於設備完善之公私立育幼院，亦是可以慎重考慮的措施。希望勿再拘泥於法律條文，感化教育必須於少年輔育院內執行之規定。其次，則為保護管束處分之執行，欲求另設執行兒童犯罪者之觀護人，專負犯罪兒童保護管束之執行，為目前無法實現的。但是，執行少年犯罪者保護管束之觀護人，基於青少年生理心理發展，與兒童生理心理發展，前者為發展心理學上的青春後期，後者為青春前期，其間有發展上之差異，所以，應要求觀護人具有兒童發展知識背景，以及某些適用於兒童輔導的專業技術，例如兒童偏差行為觀察與分析，指導性的會談方法、行為治療法、遊戲療法等，均應加以講求，方符科學化的標準。

　　總之，由於兒童犯罪的增加，使我們警覺到犯罪兒童處遇的重要性，實不宜再不分類別的與青少年犯罪混同一起，使之產生更嚴重的不良影響，而應本著兒童犯罪以兒童福利策略來處理，勿以刑事司法程序處理少年犯罪過程

的同樣方式處之，為現代國家所遵循的軌跡。

第二節　觀護制度

　　少年事件處理法第 6 條規定，少年法庭除置法官、書記官及執達員外，有觀護人一職，即係歐美少年法院之 Probation Officer，稱為觀護官員。待觀護人之職務，依少年事件處理法第 9 條規定有：一、調查、蒐集關於少年管訓事件之資料，二、對於少年觀護所少年之觀護事項，三、掌理保護管束事件，四、本法所規定之其他職務。觀護人執行職務，應服從推事之命令。

　　少年管訓事件經移送、請求、報告少年法庭后，少年法庭應命令少年法庭觀護人調查該少年與事件有關之行為、其人之品格、經歷、身心狀況、家庭情形、社會環境、教育程度及其他必要事項，以決定是否應予審理。因此規定觀護人應提出調查報告，而於報告內，並附具意見。但少年法庭認為顯無必要者，得不先命調查。

　　少年管訓事件經少年法庭調查結果，認為應付審理者，依少年事件處理法第 39 條規定，觀護人應於審理期日出席陳述意見。但少年法庭認為不必要時，不在此限。少年法庭於審理中，為決定應否為管訓處分。其處分有：訓誡，並得以假日生活輔導代之；交付保護管束；或宣告感化教育。認為有必要時，得以裁定將少年交觀護人為相

處期間之觀察。對於執行觀察之結果，觀護人應提出報告，並附具意見。

　　觀護人依少年事件處理法第 50 及 51 條掌理少年之保護管束及假日輔導。假日輔導於假日為之，對少年施以品德教育，輔導學業或其它作業，應得命令為勞動服務，使其養成勤勉習慣及守法精神。保護管束則應告少年以應遵守之事項，與之常保接觸，注意其行動，適時加以指示，並就少年之教養、醫治疾病、謀求職業、及改善環境，予以相當輔導。觀護人執行保護管束職務，應與少年之法定代理人，或現在保護少年之人為必要之洽商。少年法庭得依觀護人之意見，將少年交付少年福利機構、警察機關、自治團體、慈善團體、少年之最近親屬或其他適當的人保護管束，受觀護人之指導。

　　少年事件處理法第 23 條規定同行書由觀護人執行。觀護人任用資格，依少年事件處理法第 12 條之規定，有三種：一、觀護人考試及格者，二、曾在公立或教育部認可之專科以上學校法律、教育、社會或心理等科、系或相關科、系畢業，具有任用資格者，三、曾在警官學校本科或專科與觀護業務相關之科、系畢業，具有任用資格者。觀護人為荐任官等。

　　歐美國家觀護制度發展初期，係以義務職觀護人（Volunteer）為主要，嗣以有給職之專任專業性質之觀護人為主，義務職觀護人為輔。我國於觀護制度設立之初，亦倣照歐美國家，運用社會資源，前司法行政部於民

國 60 年 6 月 12 日訂有「榮譽（義務）觀護人設置規則」，協助觀護人執行輔導工作，以及大專學生協助輔導少年犯辦法。前者遴聘社會上具備品性端正，著有佳譽；對觀護工作富有熱忱；生活安定，有充裕時間；身心健康有服務能力者擔任之。並得商請社會福利、教育、衛生、宗教、慈善、輔導或職業訓練團體擔任之。後者則選聘各大專學校二年級以上，品學兼優者擔任之。並聘請各大專學校教授加以指導。

少年事件處理法採取觀護制度，於民國 60 年 7 月 1 日實施，而民國 69 年 7 月 1 日審檢分隸時，前司法行政部改制為法務部，增設保護司，負責對於十八歲以上成年犯，宣告緩刑、假釋期中、或依刑法宣告感化教育、禁戒處分、強制工作以保護管束代之者等。執行保護管束之指導、監督事項，規定於各地方法院檢察署置觀護人，專司由檢察官指揮執行之保護管束事務。

執行成年犯保護管束工作之觀護人，與少年事件處理法所採取觀護制度設置觀護人有異，後者從少年案件至少年法庭開始，觀護人即參與案件之調查、分析、提出報告、出庭陳述意見，以及執行輔導監督工作，係屬完整觀護制度；而各地方法院檢察署之觀護人於審理結束宣判後或徒刑執行後，僅擔任執行保護管束事務，而非一完整制度，可資比擬，亦非其他先進國家成年犯觀護制度相類。

評

觀護制度既成為少年事件處理法之重要內容，除了少

年事件處理的少年法庭設置觀護人，屬司法系統之下，最近在法務部的檢察系統內也設置觀護人，執行成年犯的保護管束工作，因此形成兩個不同系統，某些觀護實務人員，希將此兩系統合併之，但是究竟法務部之觀護系統併入司法院下之觀護系統，成為一大問題，兩者都不希併入他方，而都希望吞併他方，造成更困難合併。

其次觀護實務人員，希望獨立於審判系統之外，即少年法庭的觀護人室獨立於少年法庭之外，此中亦有困難，因為我國司法制度是有大陸法系色彩，法官是裁判的決定者，而觀護制度設計為法庭的附屬性質，附著於少年法庭，向少年法庭法官提出報告，由法官作最後裁判，並非如其他國家是代表少年福利立場，在法庭與法官就少年犯最佳利益，作平衡的考量。所以，欲求獨立於審判系統之外，更加困難，影響整個司法制度。也正因為如此，觀護人職權常會與法官裁判權發生挑戰，觀護人所提出之報告，法官重視程度、採取之範圍、採取與否應否於判決書說明理由等，均為應厘清的問題。

目前少年法庭觀護人在爭取收案權，就是案件抵達少年法庭之初，先由觀護人審察有無進入司法程序的必要，不必要者，就以非正式程序處理，外國有此權限，我國少年事件處理法無此規定，從少年法庭法官之立場，不願輕易授予，總之，作者以為：觀護人必需在專業水準提高後，才是爭取地位的有利籌碼，否則，無法獲得支持。

評

早年報載：法務部第一批觀護人十五名，分派各地院檢察處到任，負責執行保護管束事項。該批觀護人是法務部奉行政院核準增員觀護人一部份，乃 70 年高等考試及格人員，他們所擔任執行保護管束工作，與已設置之地方法院少年法庭觀護人不同。嚴格言之，這是法務部在檢察系統下建立執行成年犯保護管束之觀護制度。因此，此批觀護人之分派，其意義非僅係新增人員，擔任一項工作而已，實是新制度的建立。

法務部所屬檢察系統觀護人，執行保護管束之對象，依刑法之規定有：一為成年犯判處刑罰在緩刑期中者，二為成年犯依法辦理假釋，其在假釋之殘餘刑期中者，三為以保護管束代監護、禁戒、強制工作等處分者。保安處分執行法第 64 條內載：保護管束，應按其情形交由保護管束人所在地或所在地以外之警察機關、自治團體、慈善團體，本人最近親屬、家屬，或其他適當之人執行之。

檢討我國保護管束實務，多年來，保護管束之執行，法律上雖有明文規定之執行機構，可是事實上，這些機構由於本身工作繁忙，或缺乏專業訓練人才，並未發生保護管束執行效果，交付保護管束人，任其自生自滅，直到其再犯罪時，依法撤消保護管束。

保安處分執行法第 64 條第二項規定，法務部得於地方法院檢查處設置觀護人，專司保護管束事務，是因應有效保護管束執行之需要，法務部得任用受有專業訓練之專

職人員，執行保護管束事務，務其法律上所規定的保護管束，成為一名副其實保安處分有效策略之一。

環顧現代先進國家，對於成年犯及少年犯，無論是單獨宣告保護管束，緩刑期間及假釋期間的保護管束，或感化教育、禁戒、監護、強制工作等處分以保護管束代之，已設置專業的觀護人負責執行，也規定警察機關、自治團體或其他適當之人，作為義務的志願性質輔助。所以，在歐美及日本等國家的觀護人，實包括以成年犯及少年犯為執行對象，政府所任用的專職人員。我國首設少年法庭觀護人，執行少年犯審訊過程中的調查、分析、提供意見，以及交付保護管束的輔導監督工作，故易誤會僅有少年法庭觀護人，對執行成年犯保護管束之觀護人，較為生疏。法務部根據保安處分執行法之規定，設置執行成年犯保護管束觀護人，此一制度的建立，乃我國法制史上跨進了一步。

建立檢察機關觀護人制度，使我們聯想到有關觀護制度的幾個基本觀念，提供研究。

其一，觀護工作不是警察工作，而觀護人不是警察人員。歐美觀護制度發展初期，它是從警察職權中分離出來的，所以，早期的觀護人，多係警察人員退休、轉業而來的。但是，基於現代行為科學知識的增長，已認為警察人員的職掌與觀護人的職掌，性質上有其差異，因為觀護工作係屬非刑罰性的矯正處遇，警察工作集中在懷疑、拘捕、調查、監視、處罰等措施，若加之於被交付保護管束

者身上，會阻止他們重新適應社會生活向善途徑。

　　其二，觀護人是專業人員，必須具有專業知識與技術教育背景，因之，必需經由國家考試及格後任用。專業人員悉以專業知識權威性來達成其任務，理應受到專業人員的尊重。又由於新進觀護人，多屬學有專長的年輕人。社會上極易產生年輕困難管教成年的犯罪者的疑慮，進而對執行保護管束效果信心動搖。其實，是不必要的。須知保護管束執行效果的關鍵，在於觀護人專業知識與技術層次的高低，這是應有的認識。

　　最後，是檢察機構與少年法庭觀護制度的分合問題。審檢分立法案中，對於少年法庭之觀護人歸屬，決定與少年法庭同時移轉司法院。今日法務部設置檢察系統之觀護人，究竟兩者之間，應合應分，以及合之利弊，與分之得失何在，實有待研究。

　　總之，我們欣見新制度的建立，希望新制度產生期待的效果，並提出對新制度應秉持的態度，以供採擇。

第三節　鑑別教導

　　少年事件處理法規定，少年法庭於必要時，對於少年得以裁定，命收容於少年觀護所之處置。少年觀護所之組織，以法律定之。民國 53 年 9 月 4 日少年觀護所條例公布，60 年 7 月 1 日實施。

　　少年觀護所條例第 2 條明定以協助調查依法收容少年之品行、經歷、身心狀況、教育程度、家庭情形、社會環境、及其他必要事項，供少年法庭審理少年案件之參考；並以矯治被收容少年之身心，使其適於社會正常生活為目的。臺灣地區就臺灣台北、台中、台南、高雄四地方法院設置少年觀護所。

　　少年事件處理法於民國 53 年 9 月 4 日公布之條文中，原將少年法庭觀護人與少年觀護所合而為一，所以其第二章組織，第五條明訂，少年觀護所主任由少年法庭主任觀護人或觀護人兼任。倣美國 Detention Home 制度。於民國 61 年 1 月 29 日第一次修正時，將少年觀護所主任由少年法庭主任觀護人或觀護人兼任刪除。

　　少年觀護所條例先後四次修正，其中第四次修正，則因審、檢分隸後，高等以下各級法院改隸司法院，將第四條原文「少年觀護所隸屬於所在地之地方法院」，修正為「少年觀護所隸屬於所在地之地方法院檢察署；關於少年管訓事件少年之收容，及少年刑事案件審理中少年之羈押事項，並受法院之督導」。

　　少年觀護所為達成少年刑事被告羈押及管訓事件少年收容、調查與矯治之目的，依法分設教導、鑑別、總務三組，並得設醫務組。教導組掌理事項有個案調查、生活指導、教學習藝、康樂活動、紀律執行、同行處遇、戒護勤務等。鑑別組掌理事項有心理測驗、生理檢查、精神狀態分析、鑑定，智力測驗、以及處遇建議等。

　　因之，臺灣台北、台中、台南、高雄少年觀護所於教學方面：按少年教育程度編定班次，採單元方式，配合少年在所期間，實施教學活動。師資來源除各所具有教師資格之職員擔任外，並洽請當地各級學校合格教師擔任，教學內容除依照一般學科外，並排有法律常識、音樂、美術、書法、國民生活須知、心理衛生、就業輔導等科目。習藝方面：舉辦不同習藝科目，施以技藝訓練，由於在所期間短暫而不確定，均係以簡易手工藝為主，為苗圃、農藝、音樂等。鑑別方面:運用心理測驗、生理檢查、社會環境調查、精神狀況分析、行為觀察等資料，作個案診斷、原因犯罪探析，提出鑑別結果，供少年法庭處理之參考。進而作為訂定輔導、矯治計劃之依據，實施個案諮商、輔導、矯治工作。

　　臺灣台北、台中、台南、高雄四地方法院檢察署設有少年觀護所外，其他各地方法院檢察署未設有獨立之少年觀護所者，少年刑事被告之羈押，管訓事件少年之收容，則於各地方法院檢察署看守所兼辦，規定與成年刑事被告，嚴格劃分隔離。

評

　　少年觀護所是執行鑑別輔導之單位，少年事件處理法制定之初，是以附設少年法庭內，倣照美國的少年法院內的 Detention Home，本以是少年法庭主任觀護人或觀護人兼任少年觀護所主管，實施一段時期後，甚多扞格不入，然後才將觀護所成為與成年看守所相類似的獨立機

構，因而其性質迥然不同。雖然規定在觀護所收容之管訓事件少年及刑事少年被告，其調查報告由所內調查制訂，向少年法庭提出，因未嚴格要求，內容遜弱得多。

加以少年觀護所亦為看守所同樣是各法院檢察署管轄，以及由法務部監所司監督，而監獄、看守所、輔育院、觀護所間工作人員互調，造成此四機構未能明確其功能，彼此間成年與少年差異，鑑別輔導與羈押的不同，以及於刑罰中徒刑、拘役執行，與保安處分中感化教育，其基本理念上分別，甚至學民法的法務部長，都認為彼此間都是關人犯所在，彼此設施均可交互使用，都是缺乏犯罪矯治專業智識與技術所致。同時負責犯罪矯治業務之幕僚主管，如監所司官員，祇知一味維持其官位於不墜，逢迎阿諛，致以犯罪矯治業務失去革新、進步、現代化之開創新局。

第四節　感化教育

感化教育為我國刑法保安處分之一種，少年事件處理法之管訓處分之一，有感化教育之規定。執行感化教育之處所為少年輔育院。依照保安處分執行法及少年輔育院條例感化教育之執行，其目的在矯正少年不良習性，使其悔過自新；授予生活智能，俾能自謀生計；並按其實際需要，實施補習教育，得以繼續求學機會。

　　依照少年輔育院條例，少年輔育院由法務部或法務部委託地方行政最高機關設置，受法務部指導監督。民國70年以前，臺灣桃園、彰化、高雄三少年輔育院，原名少年感化院，自民國45年4月設立，均由臺灣省政府社會處管轄，接受司法行政部之指導監督。民國70年7月1日，改隸於法務部，直接指揮、監督。

　　少年輔育院條例，於民國56年8月28日公布實施，先後作兩次修正。民國66年4月4日第一次修正，僅係配合藥劑師法之修正，將藥劑師改為藥師，以求法律用語之一致。民國70年1月12日第二次修正，亦係將條文中之司法行政部，修正為法務部。

　　少年輔育院之組織，依該條例之規定，設有教務、訓導、保健、總務四組。教務組掌理事項有：學生之註冊、編級及課程之編排，教學實施及習藝計劃之擬訂，學生課業成績及習藝成績之考核，學生閱讀書刊之審核，院內出版書刊之設計及編印，及習藝場所之管理及成品獎金之核算及分配等事項。訓導組掌理事項有：訓育實施計劃之擬訂，學生生活之指導及管理，學生思想行為之指導及考查，學生之指紋及照相，學生個案資料之調查、蒐集及研究與分析，學生體育訓練，課外康樂活動，紀律及獎懲，家庭訪問及社會聯繫，戒護勤務分配及執行，以及學生出院升學、就業指導及通訊連繫等事項。保健組掌理事項有：全院衛生之計劃、設施及考核，學生之健康診查、疾病醫療及傳染病防治，學生心理健康測驗、生理檢查、及

智力測驗，學生個案資料之研判及心理狀況之分析與鑑定，學生心理衛生之指導與矯治，藥品之調劑儲備及醫療檢驗器材之購置與管理、病房管理，以及學生疾病及死亡之呈報與通知等事項。總務組掌理事項有：文件收發、撰擬及保管，印信典守，經費出納、房屋建築及修繕、物品採購、分配及保管、習藝器械材料之購置及保管，學生入院、出院之登記、學生死亡及遺留物品處理等事項。

　　少年輔育院置院長、秘書、各組組長、導師、訓導員、技師、技術員、調查員、心理測驗員、智力測驗員、醫師、藥師、護士、雇員等。對於院長、秘書、教務、訓導組長、導師、訓導員及調查員之遴任，訂有一定資歷，方始任用。

　　感化教育之執行，依保安處分累進處遇規程規定，採取累進處遇制度，按學生每月操行、教育、習藝三項，考核之成績記分累積進級，已進晉入第一、第二等，認為無執行之必要者，依少年事件處理法，得報請法務部核准免除或停止執行。

　　感化教育之訓導工作，於新生入學辦理註冊手續後，編入新生班，參加新生訓練，接受智力、人格、性向、學力及志趣等測驗，及進行各項直接、間接之社會調查，往後依據調查、測驗所得資料，實施分類編班接受教育。少年輔育院則以班級為單位，採學校方式，兼施軍事管理，以品德教育及生活教育，以發揮感化教育功能。個案諮商、童子軍訓練、宗教活動、團體體育康樂項目，以及家

庭聯繫等，作為輔助手段。少年輔育院之教務工作分為知識教育及技能訓練；知識由各院附設之厚德、立德、明德三補習學校辦理，依教育部法令，實施國民中、小學補習教育。技能訓練則設技藝訓練，計有室內配線班、汽車修護班、印刷班、鉗工班等，授以技能。

評

　　執行感化教育之少年輔育院，設立之過程，歷經數易，其名稱先為少年感化院，由臺灣省政府社會處辦理，數年後改為少年輔育院，有桃園少年輔育院、彰化少年輔育院及高雄少年輔育院三所，仍隸屬臺灣省政府社會處，由於這些行政機構，忽視其機構組織功能，羅緻人才，反為退除役軍官充斥其間，而對感化教育，當作軍事訓練，又不諳輔育之知識與技術，所以因輔育院院長背景不同，作不同的訓練方式，而擔任導師之轉業軍官，與接受感化教育之學生，不是狂吹其「想當年」，就是拉攏學生成為集團，鞏固勢力，學生也樂意為之。造成輔育院內派系林立，鬥爭不息，甚至產生械鬥。

　　最嚴重的一次，則為民國 62 年底，設於屏東縣小琉球品性惡劣集中的台北市少年輔育院，驚動了軍警協助彈壓，造成臺灣省政府社會處是否有能力辦好少年輔育工作的課題討論，加以少年輔育院成為省屬單位，省級機構民意代表干涉太多，雖然國外將少年輔育工作列為社會福利機構掌理，為一進步之作法，也由於國內政治生態環境不同，不得不考慮將少年感化教育收回由法務部直接辦理，

此為不得已之倒退作法。當時的顧慮是一旦法務部直接辦理，恐怕列入監獄司掌理事項，而該司會將少年輔育院與少年監獄的業務，視為無所分別，則為另一可怕事實，期待法務部有此認識，自民國 63 年由法務部接管少年輔育院後，此一不幸事件，仍是不斷發生。以致於強制工作的執行，由於主管業務單位，缺乏這方面深入研究，亦無法說出保安處分中強制工作之執行，與刑罰中徒刑、拘役的執行，其間有何不同，令人惋嘆！

少年輔育院原有之重要措施之一，為院外就讀。院外就讀之意義，非僅使院內學生可以獲得相同水準師資及設備，不致出院後受到歧視；另一重要目的，在於院內學生逐漸與外界接觸，在輔育院輔導監督下，適應真實社會生活，作為未來無輔導監督下，成為獨立、自主、守法的正常少年。由於院外就讀的學生，發生多次違規事項，法務部為免麻煩，乾脆取消此一制度。雖說院內已請到同樣水準老師來監教課，似乎可提升水準，庶不知忽視了院外就讀的最重要的，適應真實社會生活的階段性訓練意義。

評

臺灣省立高雄少年輔育院，曾發生二十三名學生集體脫逃事件，雖有部分逮捕歸案，然未幾，臺灣省立桃園少年輔育院亦發生類似集體脫逃事件，臺灣省立少年輔育院，連續發生事故，使存在已久的輔育院問題，又復引起社會的關注。

首先應說明的是：少年輔育院迭次發生脫逃、鬥毆、

殺傷等事故，並非否定輔育制度存在價值。國家對於未滿十八歲犯罪或虞犯少年不適應刑罰處罰的情況，施以感化教育，為文明國家所承認的優良制度。感化教育需要專業機構執行，所以，少年輔育院有絕對存在價值，是毋容置疑的。國際間執行感化教育效果卓著的，最早有英國鮑斯特制度，為全世界所讚譽；今之美國少年訓練學校；亦為其他國家所傚效。臺灣少年輔育院接二連三發生事故，實非輔育制度存廢問題，而是人謀不臧，為極應澄清的觀念。

　　少年輔育院學生脫逃、鬥毆、殺傷等事件，若是偶發的、單純的、獨一的，不是嚴重的問題，因為它所收容的對象，本身就具有複雜性。可是接連的，不止一所時，釀成事端的潛在因素，值得深入的探究。

　　臺灣原有省立桃園、彰化、高雄三所少年輔育院，及位於小琉球台北市立少年輔育院一所。台北市立少年輔育院因發生重大事故，而予以裁撤，原計劃於台北市郊另籌少年輔育院一所。此一計劃，雖經前司法行政部再三推動，或許受小琉球少年輔育院的影響，台北市已感設立少年輔育院，易於發生事故，遭致責難，終以覓地無著為理由，而予擱置。台北市少年犯執行感化教育，亦送往臺灣省立三所輔育院執行。平心而論，臺灣省立少年輔育院發生事故，台北市少年輔育院，未能即早成立，以致設備、人力，均感短絀，加深了管理上困難，其間多少有牽連關係。

　　仔細為少年輔育院病症把脈,可知其問題根源,監督機構對人事任用、遷調、考核等是重要因素。高雄少年輔育院稱:「警衛大多年老體衰。」其實,何止警衛人員,若從統計上看,三所少年輔育院,院長、秘書、組長、導師、組員等,受有專業訓練者,為數甚少。他們具有不同教育背景、經歷、觀念,來執行感化教育,形成各人各一套,有的以為感化教育,就是軍事訓練;有的以為感化教育,就是學校教育,各說各話,將此一專業機關,為非專業人員寄身之所,實現其「偉大」理想,視「感化教育」為等閒,南轅北轍,弊竇叢生,學生家長怨恨,失去社會信賴,懷疑制度存在價值,指揮監督機構,難辭其咎。

　　少年輔育院基於缺乏完善人事制度,產生了管理與矯治的問題,學生家長及社會大眾指出:院內有差別待遇,有錢的學生,享受較好的待遇,可以請假外出,貧苦的學生,不但不准請假,在院中多做一些事情,因此引起學生反感;黑暗而不公平,得不到師長的關愛,只犯一時過錯,就要遭到毒打,學生無法忍受;院方沒有給予學生愛的教育等,雖說不是輔育院共有的特徵,輔育院也不能斷然否認,純屬子虛。少年輔育院是少年犯罪矯治機構,「治療環境」是矯治的必備條件,它重於任何形式上的說教。換言之,輔育院內教之以公平、仁義、是非、正直,可是看到的是差別待遇、投機、違法等,欲求感化收效,是件不可能的事。

　　多年前,監察院黃尊秋委員為少年輔育院管教偏差,

迭生事端，曾提出意見：臺灣省政府於短期內積極督導改善，如仍無效果時，應歸還建制，由司法行政部直接指揮監督。依少年輔育院條例第4條規定：少年輔育院由司法行政部，或由司法行政部委託地方行政最高機關設置，受司法行政部指揮監督。臺灣少年輔育院係依據該條後段規定，委託臺灣省政府設置。該部歷次視察令其改善，均甚少認真執行，時過二載，少年輔育院情況未見好轉，而且每況愈下，深知黃委員之卓見，有其採行價值，盼望司法行政當局，勇於負責，收回指揮監督權，切實擔負起改善少年感化教育責任。

評

原屬臺灣省政府社會處的桃園、彰化、高雄三個少年輔育院，決定由法務部收回辦理。前法務部長李元簇指示獄政單位，應加強管教，教化與習藝並重，尤應注意改善生活環境，避免不當運用少年勞力。

少年輔育院係執行保安處分中之感化教育處所，依據保安處分執行法之規定，保安處分處所由法務部或由法務部委託地方行政最高機構設置。臺灣省政府辦理少年輔育院，即係受法務部之委託而設置。法務部已依法直接辦理，實施指揮監督職權。

對於臺灣省三個少年輔育院，應由法務部直接辦理，方為目前唯一改進有效途徑。

其實，少年犯罪處遇之感化教育，先進國家，有置於教育系統之下，視為特殊教育範疇；有置於社會福利行政

機構之下，目為福利設施；有置於司法制度之內，稱為執行法律之一環；但是綜觀整個趨勢，多從司法系統移向福利及教育部門，正說明現代少年犯罪處遇之走向。可是，我們何以會背其道而提出主張少年輔育院應由法務部收回直接掌理感化教育，主要的是因為近年來感化教育執行處所之少年輔育院，問題重重，弊端叢生，人謀不臧，置於地方行政機構，甚難擺脫人事糾纏，改隸後，或可丟棄這些人情包袱，方能有所作為。

我們喜見法務部有膽量承擔責任，將三個少年輔育院收回自理，前法務部長李元簇氏，立即前往輔育院視察，足見對感化教育之重視。但是對過去臺灣省少年輔育院迭次發生脫逃，鬥毆、殺傷等，以及工作人員老化，缺乏專業訓練，和人事任用、遷調，考核之完善制度，亦應予以瞭解。

同時，少年之感化教育，不僅與成年犯之刑罰執行，即或是少年犯之徒刑執行，其間有甚大差異。可以說：現代犯罪矯治科學發展，尤其是少年犯罪之處遇，有兩個重大的轉變。

其一是非刑罰性的處遇，多於刑罰性的處罰。國家刑法中之自由刑，雖稱具有教育刑的目的，但是於社會期待上，徒刑執行方法上，以及受刑人的感覺上，仍存有強烈的刑罰性處罰色彩。非刑罰性的感化與治療，為現代科學化的犯罪處遇所強調的，對於少年犯罪者更為需要。其二是少年犯罪者的處遇，應儘量從少年司法制度下，轉向青

少年服務機構來承擔，以免司法制度處理過程中，未獲得所期待的效果，反而帶給少年心靈上的傷害，為社會、為國家產生更大的禍患。

所以，少年感化教育的執行，置於法務部職掌之下，應隨時警惕，少年輔育院所有措施，勿與具有刑罰性色彩的成年監獄、少年監獄，等量齊觀，政策設計、指導、與監督工作人員，宜有明確的分辨能力，如此，方能顯示出少年輔育院執行感化教育的特性。

國家刑罰中徒行執行，與保安處分之感化教育執行，有其相同之目的，前者在於使受刑人改悔向上，適應社會生活；後者其目的在矯正少年不良習性，使其悔過自新，授予生活智能，俾能自謀生計；並按其實際需要，實施補習教育，得有繼續求學機會。二者最終之目標，均在協助其出獄、出院後，營著正常社會生活，為社會建設之成員。目前犯罪矯治機構，對於維持機構內之安全秩序，則有餘，收容者離開機構後，是否確能收到國家刑罰執行之功能，成為守法安分之新民，從累犯，再犯統計數字可以看出，猶待努力。

少年輔育院之功能，在於發揮感化教育執行效果。我們應特別強調的是：它不僅是維持了輔育院內的安寧秩序，將全部人力、物力、集中於防止逃脫與櫥窗式的表現，而是實質上的，這些不幸少年們，經過感化教育旅程，評估其返回社會後，就學、就業的成果；品德與技藝為社會接受程度，這是眾所期盼的。

　　總之，我們高興看到本報的呼籲為政府所重視，並已實現，我們更期待：少年輔育院經由改隸的決策，確能產生感化教育執行的真實永久效果，我們相信，在法務部的努力下，是可以達成的。

第四章 更生保護

更生保護係為保護出獄人及依更生保護法應受保護之人，使其自立更生，適於社會生活；預防其再犯，以維社會安寧。換言之，即是維護犯罪矯治工作之成果。

第一節 沿革

我國於民國 19 年間，曾會公布出獄人保護事業獎勵規則，民國 21 年頒布出獄人保護會組織大綱，在北平、上海、煙台、廣州等地，設有出獄人保護團體。臺灣地區日據時期將出獄人保護事業稱為「司法保護」，民國前 13 年即有百羽窮人救濟所，為司法保護事業之始，民國前 6 年累功舍設立後，司法保護事業已遍及全島。迨 20 年後，司法保護事業改為官民合辦，民國 29 年臺灣總督府為統一指揮，設臺灣司法保護事業聯盟。該聯盟之事業單位，分布臺灣各地，為台北三成協會，台中再生舍，台南再生寮等。

民國 34 年臺灣光復後，仍沿用「司法保護」名詞，

繼續推行出獄人保護事業，於民國 35 年 11 月 11 日設立「臺灣省司法保護會」，訂頒「臺灣省司法保護事業規則」及其「施行細則」，受臺灣高等法院及臺灣省政府民政廳之指揮監督。臺灣省司法保護會接收所有原臺灣司法保護聯盟分布臺灣地區之經營事業。

臺灣省司法保護會於各地方法院所在地設立分會，由法院院長、首席檢察官、監獄典獄長與地方政府民政機關代表、社會人士擔任分會之委員，推選常務委員，推行該地區司法保護工作，常務委員多為司法機關首長擔任。

民國 56 年 7 月 1 日台北市改制為院轄市，原臺灣省司法保護會，無法含蓋，遂更名為「臺灣更生保護會」，受臺灣高等法院、臺灣省政府社會處及台北市政府社會局目的事業主管之監督，仍由臺灣高等法院、臺灣省政府社會處、台北市政府社會局代表暨社會人士組織委員會擔任委員，推選常務委員，推行更生保護事業。前司法行政部於民國 61 年以命令核定「臺灣更生保護事業規則」及「臺灣更生、保護事業規則施行細則」。並訂定「臺灣更生保護會章程」。前司法行政部為統一更生保護事業之法制，於民國 65 年 4 月 8 日公布「更更生保護法」，積極推行更生保護事業，從整理更生保護事業財產著手，健全更生事業組織、設立更生保護事業生產單位、調整臺灣更生保護會與各地分會關係等。

民國 69 年 7 月 1 日，審檢分隸，司法行政部改制為法務部，法務部之組織法增設保護司，出獄人更生保護業

務原為司法行政部監獄司之掌理事項，依據法務部組織法之保護司掌理事項，移由保護司負責。

　　為推廣更生保護事業，喚起社會大眾之支持，蔣故總統經國先生於民國 64 年 5 月辦理全國性減刑之談話中指出：「希望社會各界本於助人為善之美德，對於出獄人不要加以任何歧視，并應與政府密切配合，積極協助和輔導他們就學就業，以免再入歧途；用大家的力量來幫助他們，成為社會中善良和有用的一份子，使我們的社會呈現一片光明與詳和。」此一號召，對於「更生保護法」之制定，具有催生作用。

　　由於原「臺灣省司法保護會」成立日期為民國 35 年 11 月 1 一日，政府特訂定每年 11 月 11 日為更生保護節，以促使全國各界積極響應，協助出獄人及其他應受保護之人，回歸社會，自立更生。

第二節　　組織體系

　　民國 35 年 11 月 11 日成立之臺灣省司法保護會，於民國 56 年更名為臺灣更生保護會。依更生保護法該會為財團法人，其董事會及各地分會委員會，除由偵查、審判、獄政、社政等有關機關團體之主管組成外，並聘請熱心公益之社會人士擔任。

　　臺灣更生保護會以會員大會為最高權力機關，會員分

為當然會員及贊助會員二種，下設常務董事會執行董事會之決議，並推展審議本會之設計、監督、考核及執行事項。本會除依法辦理更生保護事業外，並監督及考核所屬各分會之業務。而分會以各地方法院管轄區域為辦理更生保護事業之轄區，在其轄區內，以鄉、鎮（市）或區為更生保護輔導區。

更生保護區內之鄉、鎮（市）、區之行政首長聘為主任更生輔導員，並在輔導區內遴聘適當熱心人士為更生輔導員。更生輔導員應就下列條件遴聘之：（一）品行端正著有信譽者，（二）對更生保護工作當有熱忱者，（三）生活安定有充裕時間者，（四）身心健康有服務能力者。

臺灣更生保護會分會設委員會，由本會聘請分會所在地之院、檢、縣（市）、議會、監所首長，及熱心社會公益適當人士擔任之。分會設常務委員會，常務委員由分會所在地地方法院院長、地方法院檢察署檢察長，及監獄典獄長擔任外，係由委員互推之。本會及分會均置總幹事，承董事長及主任委員之命，辦理日常事務。

為推廣中華民國福建省金門、連江（俗稱馬祖）縣地區之更生保護事業，保護該地區應受保護之人，設立福建更生保護會。在金門縣方面，福建金門監獄內執行之受刑人中約有一半來自臺灣，因在金門服兵役之充員，犯罪受刑後，均須返回臺灣，需要更生保護服務；在連江縣方面，刑事被告，有罪確定應執行者，均解送臺灣基隆監獄執行，出獄後返回馬祖之更生保護工作，均需當地之更生

保護單位辦理。

　　臺灣更生保護會為參與國際更生保護組織活動、資訊交流、經驗分享，為國際囚犯援助協會永久會員國之一，並指派代表出席國際囚犯援助協會年會。

第三節　保護方式

　　更生保護法規定之保護對象，有：（一）執行期滿，或赦免出獄者。（二）假釋、保釋出獄、或保外醫治者。（三）保安處分執行完畢、或免其處分執行者。（四）受少年管訓處分，執行完畢者。（五）依刑事訴訟法第252條或軍事審判法第147條，以不起訴處分為適當，而予以不起訴之處分者。（六）受免除其刑之宣告，或免除其刑之執行者。（七）受緩刑之宣告者。（八）受徒刑或拘役之宣告，在停止執行中或經拒絕收監者。（九）在觀護人觀護中之少年。（十）在保護管束執行中者。

　　更生保護之實施，分別有左列之方式：

　　（一）直接保護：以教導、感化或技藝之方式行之；其衰老、疾病或殘廢者，送由救濟或醫療機構安置或治療。臺灣更生保護會為辦理直接保護，本會及各區分會均設置輔導所收容無家可歸之受保護人，實施集中保護，供給住宿并予以技藝訓練與感化教育。

　　（二）間接保護：以輔導就業、就學或其他適當方式

行之。其實施方式，以各區分會為中心，各鄉鎮之司法保護區，設置之輔導員，於受保護人返鄉後，未就業前，以個別談話或通訊方式加以勸導，或以觀察方式注意其週圍環境，防止其再犯。

（三）暫時保護：以資送回籍或其他處所，或予小額貸款，或其他適當方式行之。司法保護會為方便及解決出獄人困難，在臺灣各監所均派有專人負責聯繫工作，辦理出獄人資遣返鄉，發給旅費，供給臨時膳宿，協辦戶口，以及通知眷屬帶領等業務。

財團法人臺灣更生保護會為辦理各項保護之需要，訂有獎助應受保護人就學方案、創業小額貸款方案、廠商雇用應受保護少年辦法、資助應受保護人醫藥費辦法、急難救濟辦法、就業遵守要點、輔導所管理方案、少年輔導中心、少年之家設置實施要點等。

為配合民國六十年罪犯減刑條例、六十四年罪犯減刑條例、七十七年罪犯減刑條例等之實施，特規定各監獄對減刑出獄人應確實調查，依減刑出獄人實際需要輔導及保護之情形及項目，分類造具減刑出獄人申請輔導名冊，送臺灣更生保護會或其分會辦理。并提供「更生保護手冊」予減刑出獄人。法務部邀集有關機關、團體召開協調會議，會商研議具體辦法及分工事宜，各主辦機關就其所掌輔導就業、就學就醫、救濟事項，以及直接、暫時保護，其他配合事項等，積極進行有關作業事宜。

臺灣更生保護會為因應依少年事件處理法規定之未滿

十二歲之人，觸犯刑罰法法令者，受感化教育之宣告，與其他受感化教育少年分別收容，設有「少年之家」，先後於民國 72 年 7 月「彰化少年之家」第一所，73 年 8 月成立「彰化少年之家」第二所，75 年 6 月「桃園少年之家」等。並進行籌設高雄少年之家。少年之家係採家庭教養方式，由該會選任適當人員擔任教養工作，每所各置專職教養人員二名。其專職人員之選任，已漸以大專院校法律、社會、教育、輔導等科、系畢業女性為主，提升其素質。

評

報載臺灣更生保護會曾積極開發更生保護工作，除了研究設立一個工廠，留容出獄受刑人之外，還倣效「國際兒童村」的模式，成立一所「兒童村」，收容十二歲以下虞犯少年，讓他們在新「家庭」中得到溫暖及正常教育。這本是件值得讚美的事。

但是，若經仔細考慮，參考往昔經驗，衡量臺灣目前社會福利機構現況，其中仍有需要研究之處。

臺灣更生保護會，原是一民間與政府共同辦理的社團法人，從事於監獄內的出獄人、輔育院出院學生、接受保護管束之人、職業訓導總隊結業之學員等之輔導工作。臺灣光復以後，接收日據時代之三成協會、再生舍等機構財產，先組織為「臺灣司法保護會」，后以司法保護會有保護司法之譏，更名為更生保護會。目前擁有財產以十數億元計，原是可以發揮保護出獄人功能的社會組織。過去幾

十年來，該會的發展從初步整理財產階段，設計保護業務
階段，推廣保護事業階段，以至於今日積極發展更生保護工
作，但社會上對此一社會事業認識不多，每年 11 月 11 日
雖訂為更生保護節，終未能獲得普遍認同，因此，獲得社
會支持，並不太多。

　　臺灣更生保護會，曾力求拓展更生保護工作，計劃設
立工廠，收容出獄人，以及成立「兒童村」，保護十二歲
以下虞犯少年（事實應稱為兒童）。期構想似乎是為突破
之舉，然而，回顧更生保護事業，在臺灣幫助受保護人就
業的項目。達成就業的方式，一為介紹職業，一為自設工
廠、農場，收容需要就業之受保護人，效果未能符合理
想。尤其是自設工廠，與農場，台中更生保護會在西屯就
設有農場，收容受保護人參與農田耕作；桃園曾設有魚池
養魚，台北亦曾於基隆路計劃增設工廠，均無法發揮保護
功能，其原因是缺乏對出獄人心理之瞭解，以及更生保護
會對出獄人無強制力，令其容留在工廠、農場內，胥知需
要保護者若真心就業，或使輔導就業產生效果，必須是適
合其自己技術與興趣之職業。更生保護設置任何工廠，不
可能包羅所有需要之技術工作，加以對彼等無強制力，因
之多是三、兩天後掉頭而去，甚至不接受此一安排，詭稱
已有工作，何況這些工廠、農場，社會上已視為出獄人集
散地，其心理上反應可想而知，重點應在努力改進職業輔
導技術，向民間工廠介紹就業顯得有效得多。

　　其次，是「兒童村」收容十二歲以下虞犯少年之設

置。的確，十二歲以下之兒童不宜與十八歲至十二歲以上之少年，同在少年輔育院執行感化教育，以及無家可歸之兒童應有處所收容。十二歲以下兒童犯罪，列為虞犯，應該注意的是，應否將這些兒童集中於一個機構內，形成一個特殊機構，若是正向效果，未能發揮，負向感染，與兒童輔育院無異，帶來了嚴重的「標籤理論」下可怕產物。綜觀臺灣地區之公私立育幼院，經過內政部聘請專家評鑑結果，辦理有成績的不少。普遍現象，多屬實際收容名額少於預定收容名額。以省立育幼院及國軍育幼院而論，其名額足夠收容臺灣之虞犯兒童而餘有。

法務部與內政部間應協調充分運用此一社會資源，不宜另設機構，尤其是更生保護會的錢，有更多的事，更多工作可做。

坦白言之，政府甚多官員，欲求有所作為，令人欣佩，但是對有限財源發揮更大效果方面，考慮未能周詳，即以上述兩事而論，於法務部、更生保護會或是多創一件事業，於整個臺灣地區而言，由於其他適應機構，可以安置，似屬可以節省的。最重要的是：虞犯兒童、出獄的受保護人，應該是幫助其生活在正常兒童及正常人之中，適應社會生活，而非置於虞犯兒童及出獄人聚集之特殊團體，延長其共同生活，這是理應具有的犯罪矯治理論知識。

評

臺灣更生保護會係一財團法人，依照更生保護法之規

定，其宗旨為保護出獄人及依法應受保護之人，計有假釋、保釋出獄，或保外醫治者、保安處分執行完畢，或免其處分之執行者；受少年管訓處分執行完畢者；依法以不起訴為適當，而予以不起訴之處分者；受免除其判之宣告，或免其刑之執行者；受緩刑之宣告者；受徒刑或拘役之宣告，在停止執行中或經拒絕收監者；在觀護人觀護中之少年；在保護管束中者；使其自力更生，適於社會生活；預防其再犯，以維社會安寧。

具體言之，臺灣更生保護會所從事更生保護事業之性質，其一是維護犯罪矯治之成果，其二為社會青年中部份青年之輔導工作。

舉行會議擬定兩項中心議題：

（一）發揮人愛助人精神，加強更生保護業務之執行案；

（二）結合社會力量，發展更生保護事業，以建立安和樂利社會案。前案就強化保護會行政功能方面、加強保護業務執行方面、溝通保護觀念與作法方面、以及妥善運用保護會產業、資金方面擬訂改進要點，提供研討。後案則就加強更生保護宣導工作，鼓勵民間社團積極參與，連繫社會行政、福利機構，以及括大學者專家諮詢等做法，以期對今日更生保護業務有突破性的發展。

臺灣更生保護會，為臺灣僅有的更生保護組織，乃接收日據時代數個有關辦理出獄人保護事業之團體，合併而成。自光復以來，其組織形態，數度更易，名稱從「司法

保護會」，變成「更生保護會」，結構從「社團法人」更為「財團法人」，體制從各分會獨立自治性質，易為各分會為本會分支執行機構。

　　臺灣更生保護會變易的結果，對更生保護事業功能發揮，其效益未見顯著的改進。歸納的說：其組織仍是官辦的性質，誰具有財團法人的身分，總是由政府官員兼任委員及重要職位。其功能停留在管理現有財產的階段，所以管理財產的結果，僅注意財產的增加。保護業務則是以暫時保護為主要保護方式，給予旅費、小額貸款、資遣回籍等。所以在觀念上，更生保護者，為官方或官方委託辦理的救濟工作，以致人人可得為之。

　　其實，工業社會發展，更生保護事業，隨之成長，受保護人之需要層次，亦逐漸升高，物質性之賙濟，與救濟性的援助，已再不是主要保護形式，他們所需要的，是行為輔導、職業輔導，以及社會生活的適應。因之，執行這些輔導所需要的專業知識與技能是不可缺少的。換言之，從事更生保護工作人員，包括更生輔導員、主任輔導員、幹事、總幹事等，再不是人人可得為之，而是具有專業知識與技能的，它就是具有專業訓練的社會工作人員。當然，我們無法任用所有社會工作人員，擔任更生保護工作人員；但是，更生保護會應瞭解這個道理，朝向正確方向邁進，總是對的，此次檢討會，邀請全國大專社會工作科系專家學者參加討論，是值得稱道的事。

　　其次，是更生保護會今後的作法，不應再停滯在管理

財產的步調，應以發揮更生保護功能為目標。臺灣更生保護會擁有數億元財產，應毫不吝惜的有效的使用，發揮更生保護的經濟效益，更生保護會不以增加財產收益為榮，大膽成功的運用，會吸收了更多更多捐助、補助的輸入，這是可以期待的。

　　最後，我們很高興的看到臺灣更生保護業務檢討會的召開，說明了更生保護事業已配合社會發展，適應社會發展需要，從該次有意義的檢討會中，探求出今後更生保護事業應進行的方向，對未來更生保護事業的遠景，勾劃出一幅美麗的畫面，參與會議諸公，均是對此美麗畫面精心設計的貢獻成員，我們一方面為被保護得不幸者感謝，一方面為建立安和樂利社會而慶幸。

第五章　假釋、保釋、大赦與減刑

第一節　假釋

　　假釋制度在於促使受刑人改悔向上，又為有條件釋放（Condition-al Release），假釋期間應接受專業人員之指導監督。我國在古代已有此一類似規定，周禮秋官大司寇云：「以圜土聚教罪民，凡害人者，真之圜土，而施職事焉，以明刑恥之，其能改者，反於國中，不齒三年，其不能改而出圜土者，殺之。」「能改者上罪三年而舍，中罪二年而舍，下罪者一年而舍。」所謂能改者，反於國中，指改悔向上者，可以釋放返鄉；不齒三年，解釋為初不能為平民，於返鄉期間內，無任何過失，依罪別而定年數，舍而為平民，與現代刑法假釋制度精神相同。

　　民國肇始以來，刑律有關假釋之規定，初為民國元年三月頒布之暫行新刑律。依照該律第 66 條內載：「受徒刑之執行，而有改悔之實據者，無期徒刑逾十年後，有期徒刑執行逾三分之一後，自監獄官呈達法部，得假釋出獄。但有期徒刑之執行未滿三年者，不在此限。」第 67

條：「凡假釋出獄而有左列情形之一者，撤銷其假釋，其出獄日數不算入刑期內：

　　（一）假釋期間更犯罪受拘役以上之宣告者。

　　（二）因假釋前所犯罪而受拘役以上之宣告者。

　　（三）因假釋前所受拘役以上之宣告而應執行者。

　　（四）犯假釋管理規則中應撤銷假釋之條項者。」

　　同條第二項：「未經撤銷假釋者其出獄日期算入行期之內。」

　　民國 17 年 3 月 10 日公布之刑法（舊刑法）對假釋之條件，加以變更。該法第 93 條：

　　「受徒刑之執行，而有俊悔實據者，無期徒刑逾十年後，有期徒刑逾二分之一後，由監獄官呈司法部，得許假釋。但有期徒刑之執行未滿二年者，不在此限。」

　　「前項執行期間遇有第 64 條情形者，以所剩餘之刑期計算。」第 94 條：「假釋期間有左列情形之一者，得撤銷假釋：

　　（一）更犯罪受拘役以上之宣告者。

　　（二）犯假釋管理規則者。」

　　同條第二項：「假釋撤銷後，其出獄日數不算入刑期內。」

　　民國 24 年 1 月 1 日公布之現行刑法，對受刑人假釋及撤銷假釋之規定於刑法第 77 條：

　　「受徒刑之執行而有俊悔實據者，無期徒刑逾十年後，有期徒刑逾二分之一後，由監獄長官呈司法行政最高

官署得許假釋出獄。但有期徒刑之執行未滿一年者，不在此限。」

「前項執行期間遇有第 46 條情形者，以所剩餘之刑期計算。」該項規定於民國 43 年 7 月 2 日修正刪除。

第 78 八條：「假釋中更犯罪，受有期徒刑以上之宣告者，撤銷其假釋。」「因過失犯罪者，不適用前項之規定。」「假釋撤銷後，其出獄日數不算入刑期內。」

第 79 條：「在無期徒刑假釋後滿十年，或在有期徒刑所餘刑期內未經撤銷假釋者，其未執行之刑，以已執行論。」「假釋中因他罪受刑之執行者，其執行之期間，不算入假釋期內。」

假釋之有關法律規定尚有監獄行刑法第 81 條：「對於受刑人經累進處遇進至二級以上，後悔向上而與應許假釋情形相合者，經監務委員會決議，報請法務部核准後假釋出獄。報請假釋時，應附具足資證明受刑人確有後悔情形之記錄，及監務委員會之決議記錄。」

第 82 條：「受刑人經假釋出獄，在假釋期間內，應遵守保護管束之規定。」

第 83 條：「核准假釋者，應由監獄長官依定式告之出監，給予假釋證書，並移送保護管束之監督機關。」

行刑累進處遇條例第 75 條：「第一級受刑人合法於法定假釋之規定者，應速報請假釋。」

第 76 條：「第二級受刑人已適於社會生活，而合於法定假釋之規定者，得報請假釋。」

外役監條例第 16 條規定：「受刑人經縮短應執行之刑期者，其累進處遇或假釋之刑期，應以其縮短之刑期計算之。前項假釋經撤銷者，回復其縮短前之刑期。」

少年事件處理法第 81 條規定：「少年受徒刑之執行而有悛悔實據者，無期徒刑逾七年後，有期徒刑逾執行期三分之一後，得予假釋。少年於本法施行前，已受徒刑之執行者，或在本法施行前受徒刑宣告確定之案件，於本法施行後受執行者，准用前項之規定。」

第 82 條：「少年在緩刑或假釋期中，應付保護管束，由少年法庭觀護人行之。」

戰時軍律第 14 條第三項:「犯本軍律之罪判處徒刑者，不適用假釋及調服勞役之規定。」

勘亂時期貪污治罪條例第 18 條規定:「犯本條例之罪者，不適用刑法假釋之規定。」

軍人監獄規則第 76 條規定：「對於受刑人經累進處遇至二級以上，改悔向上而與假釋規定相合者，經監務委員會決議由監所長官呈報國防部核辦。為前項呈報時，應附具足資證明受刑人確有悛悔情形之記錄，及監務委員會之決議記錄。」

第 77 條：「假釋出獄人在假釋期間應遵守保護管束規則。」

假釋出獄人於假釋期間，應遵守保護管束之規定，而保護管束之執行，係於保安處分執行法第六章「保護管束」章內，規定保護管束之主辦機關、受保護管束人應遵

守之事項，及受刑人於假釋期間內應遵守之事項等。

　　我國首先辦理假釋者，為前北京監獄，獲假釋出獄之第一名受刑人為賈萬和者，該犯為清光緒二十八年犯強盜罪，判處斬監候秋審緩決二十次，例應改遣。後革命成功，民國誕生，因新律施行，改處有期徒刑十二年，假釋時執行刑期已逾十分之九，經該監第一次審查，行狀善良，確有悛悔實據，合於暫行新刑律第 66 條之規定，經呈奉司法部第 253 號指令核准假釋出獄。據記載截止國民政府奠都南京，全國假釋出獄者，計達五千餘名。因再犯罪或違反假釋管理規則而被撤銷假釋者，尚不及千分之二。茲將民國 40 年至 80 年假釋出獄及撤銷假釋人犯統計人數如後：

民國 40 年至 80 年假釋出獄人數統計表

年別	假釋出獄人數	年別	假釋出獄人數
40	166	61	904
41	348	62	1420
42	499	63	1736
43	383	64	904
44	22	65	1377
45	59	66	1300
46	143	67	1109
47	410	68	1848
48	533	69	2284
49	720	70	2290
50	410	71	3398
51	578	72	3494
52	617	73	3499
53	631	74	4209
54	667	75	4939
55	837	76	5254
56	855	77	5210
57	953	78	4462
58	1049	79	3639
59	1382	80	4213
60	986		

民國 40 年至 80 年撤銷假釋人數統計表

年別	撤銷假釋人數	年別	撤銷假釋人數
40	2	61	32
41	1	62	51
42	4	63	58
43	14	64	43
44	14	65	28
45	3	66	66
46	1	67	67
47	3	68	72
48	3	69	67
49	15	70	168
50	11	71	199
51	5	72	318
52	11	73	337
53	10	74	476
54	8	75	572
55	19	76	572
56	33	77	226
57	10	78	214
58	10	79	290
59	62	80	222
60	53		

評

以往發生幾件重大刑案，其一是台北縣新莊分局鄭、簡○警員，遭歹徒傅東昇，奪槍射殺。其二為台南市警局督察員黃○怡太太黃劉○娥，為嫌犯鍾○發殺死。其三為曾經有搶奪、竊盜、脫逃等十一次前科，於某年四月五日在高雄縣旗山鎮涉嫌殺人，持刀拒捕，為警員一彈誤中要害死亡。此三件刑案嫌犯，具有假釋犯共同身分。假釋人犯，再行犯罪，為此惹起社會所注視。

我國刑法第 77 條規定：受徒刑之執行，而有悛悔實據者，無期徒刑逾十年後，有期徒刑逾二分之一後，由監獄長官呈司法行政最高官署，得許假釋出獄；但有期徒刑之執行，未滿一年者，不在此限。所以說：假釋犯均在監獄執行一年以上之刑期，經考核為悛悔有據，復由司法行政最高當局審核，准許出獄。他們與一般滿期釋放之人犯不同，在於刑期未滿前，被認定為：已經改悔向上，能適應社會生活，予以假釋出獄，不可能再行犯罪。

假釋人犯出獄後，再行犯罪，固然亦會有社會因素所造成，但是，從刑罰執行目的而言，假釋人犯，既經考核、審查程序，對於本身所可能承受之不良誘因，應具有免疫之能力，無論是假釋期間或假釋期滿後，社會上相信刑罰執行效果，期待假釋人犯，不應再有犯罪行為，是件合理的事。

由於這幾件假釋人犯，再行犯罪，且屬重大刑案，已引起社會對受刑人假釋效用產生疑慮。換言之，再犯之假

釋受刑人，在監獄執行期間，並非悛悔有據，或所據行刑記錄並不確實，或審核過程具有瑕疵。

現行法律規定：「悛悔有據」是指行刑累進處遇條例內，品行良好晉至第二級之受刑人，得呈請核准假釋，第一級受刑人，則應速呈請核准假釋。受刑人晉級之依據，是按照入監後，由基層管理工作人員對作業、操行，及責任意志及觀念三項考核記分。因之，關係於受刑人之假釋者，在於每月考核之得分，亦如學校學生學業、品行考核之成績。假釋受刑人，出獄後再行犯罪，究言之，實為考核不正確的。

我們以為：由於假釋受刑人，犯罪日多，主管機關，應從改進監獄內受刑人考核著手。其中最重要的是：考核依據，必須根據具體資料。監獄內對受刑人作業分數之記載，應依作業課程標準，按其每日完成之件數或百分比，據實給分。品行分數，釐定日常行為應遵守項目，訂定分數，逐日檢查，公布應獲得之積分。至於責任意志及觀念，宜於逐月擬訂生活目標，設定完成步驟，計算給分。

考核正確除了項目內容精密設計以外，考核人員公平、客觀、認真態度，尤屬重要。

以上是指考核假釋者悛悔有據而言，至於假釋之審查程序，對核准假釋有決定性之影響。本來在監獄內悛悔有據之受刑人，應配合不足以導致再犯之社會因素，如心智、家庭、職業、教育程度、婚姻關係、鄰里環境等，作為准否假釋之審查要件。

的確，認定假釋人犯出獄後有無再犯之可能性，誠屬一件困難決定的事。它必須以科學研究結果，作為參考準繩。應仿照外國，先就歷年來假釋出獄人犯之資料，加以整理，統計分析。其中假釋後成功而不再犯罪者，列舉其共同具有之有利因素；再就假釋後再犯罪之人犯，發掘其具有共同之不利因素，作為審查假釋案件時，可以信賴的指標。可惜，目前尚乏從事假釋人犯成功與失敗因素研究工作，亟應積極推動。

總之，社會上由於假釋人犯，屢犯重大刑案，引起廣泛注意，甚而對假釋制度產生懷疑，其實，假釋人犯再犯罪，係因監獄考核資料缺乏正確性，以及假釋審查程序中，可參照之成功與失敗因素，尚付闕如。我們呼籲：司法行政主管官署，積極督導犯罪矯治機構，建立受刑人公平考核，正確可靠的辦法，並努力於對已出獄假釋人犯成功與失敗因素的研究，將其結果作為審查假釋之依據，以健全假釋制度減少假釋人犯再犯罪現象。

第二節　保　釋

保釋人犯出獄後依戒嚴地區監犯臨時處理辦法及戡亂時期監所人犯處理條例之執行。緣自民國 26 年 9 月公布非常時期監所人犯臨時處置辦法至民國 35 年 1 月該辦法廢止，各省監犯依法疏散者共 47089 人。又復有非常時

期監犯臨時疏通辦法施行至民國 39 年 5 月期滿。其時因時局緊張，隨時有遭空襲之虞，政府各機關均計劃疏散，且監所人犯大都集中一處，如遇空襲，一則防護難週，其次各監所亦缺乏足夠之防空設備，為保護受刑人安全起見，監犯實有疏通之必要。行政院乃於民國 39 年 6 月 9 日根據施政計劃綱要，公布「戒嚴地區監犯臨時處理辦法。」令飭遵行。

前司法行政部於同月 21 日抄發該辦法令飭臺灣高等法院傳飭各監獄辦理，遵照該辦法之規定嚴格審查，凡合該辦法第 2 條或第 3 條而無第 4 條或 11 條之情形，並能依第 9 條出具切結者，並查對其保狀合法明確後，即准予保釋。保釋以後，應依該辦法第 11 條所訂五項察看辦法，實施察看，保釋中如有該辦法第 12 條所列情事之一時，即予以撤銷其保釋。據統計依該辦法保釋出監人犯有 1377 人，其中釋放後因案重新入獄者，計有 65 人。

由於第二屆總統就任，臺灣省臨時省議會曾建議頒行大赦暨國防部呈擬減刑條例草案，復因臺灣各監所收容人犯仍甚擁擠，經提行政院 340 及 342 次院會討論，經決定大赦及減刑宜緩議，惟應切實疏通人犯，擬具戒嚴地域疏通監所人犯條例草案，送立法院審議，修正通過為「戡亂時期監所人犯處理條例」，全文 19 條，總統於 43 年 8 月 23 日公布施行。

前司法行政部於 43 年 8 月 30 日接奉行政院令指定臺灣、福建、浙江三省為該條例施行地域，令飭所屬最高法

院檢察署、臺灣高等法院、臺灣高等法院檢察處、福建高等法院廈門分院、福建金門縣司法處等單位，應切時遵照辦理。

第三節　大赦與減刑

　　大赦與減刑，依照民國十七年十月八日公布之中華民國國民政府組織法，民國二十一年六月一日公布施行之中華民國訓政時期約法，國民政府行使大赦、特赦、減刑，及復權之規定。於國民政府時代辦理大赦、減刑之措施有：

　　（一）民國二十年一月一日國民政府公布施行政治犯大赦條例。凡是民國十九年十二月三十一日以前之政治犯，除背叛黨國的元兇怙惡不悛，共產黨人賣國行為者外，均赦免之。被赦免者移送反省院反省。反省院施以感化教育，以期就教育方法矯治其犯罪惡性，達到社會防衛之目的。

　　（二）民國二十一年六月二十五日國民政府公布施行大赦條例。該條例規定凡犯罪在民國二十一年三月五日以前，其最重本刑為三年以下有期徒刑、拘役，或專科罰金者，均赦免之。除赦免者外，其他犯罪之最重本刑為死刑、無期徒刑或七年以上有期徒刑之罪者，則減刑三分之一：七年未滿者減刑二分之一。但規定犯外患罪、殺直系

尊親、殺人出於預謀或有殘忍、行為、搶奪強盜而故意殺人、強盜而放火或強姦、據人勒贖而故意殺被害人或強姦、強姦而故意殺被害人、移送被利誘、略誘人出民國領域外、犯瀆職或公務上侵佔罪、犯特別刑事法規所定與上列各類性質相同之罪者，不予減刑。

　　（三）民國三十二年一月十一日我國與英美等國簽訂平等互惠新約後，各國撤廢領事裁判權，使中華民國法權復歸完整，國家訂定此日為司法節，為慶祝此一節日，國民政府乃於民國三十三年六月十七日公布減刑辦法，全文共五條，司法行政部通令各級司法機關遵照辦理。此次減刑經統計各省人犯有四○八四人。

　　（四）民國三十六年為慶祝實施憲政，國民政府於三十六年一月一日頒行罪犯赦免減刑令，共四項，範圍甚廣。其內容:（一）犯罪在民國三十五年十二月三十一日以前，其最重本刑為有期徒刑以下之刑者，均赦免之。（二）戰爭罪犯及懲治漢奸條例第二條至第四條之罪、懲治貪污條例第二、三、五、八條之罪、殺直系血親尊親屬之罪、禁煙禁毒治罪暫行條例專科死刑或無期徒刑之罪。（三）除上項各罪外，犯罪在民國三十五年十二月三十一日前，其最重本刑為無期徒刑以上之刑者，死刑減為有期徒刑十五年，無期徒刑減為有期徒刑十年，有期徒刑或併科罰金者減其刑期或金額二分之一。（四）減刑之詳細辦法，由司法院會同行政院定之。全國人犯經此次赦免出獄者共計七三九五九人。

　　（五）為慶祝中華民國甲子之喜，總統於民國六十年十月十日公布施行「中華民國六十年罪犯減刑條例」。司法行政部為配合本條例之實施，經於六十年九月三日召集臺灣各院檢、監獄首長等有關人員會商減刑工作，決定應於六十年雙十節當日釋放減刑人犯，而其時順利釋放三三八二人，繼續至六十四年三月底計共釋放一四六八二人，又減刑出獄之人犯有一四六八二人當中，三年來再犯罪者僅有五六五人，佔出獄人數百分之三點五八。

　　（六）民國六十四年四月五日先總統　蔣公逝世，同年五月三十一日立法院通過「中華民國六十四年罪犯減刑條例」，咨請總統公布施行。該條例全文共十五條，內容為追念總統　蔣公仁德愛民之遺志，予罪犯更新向善之機。犯罪在中華民國六十四年四月十六日以前者，依下列規定減刑：（一）甲類:死刑減為無期徒刑，無期徒刑減為有期徒刑十五年，有期徒刑、拘役或罰金減其刑期或金額三分之一。（二）乙類：死刑減為無期徒刑，無期徒刑減為有期徒刑十年，有期徒刑、拘役或罰金減其刑期或金額二分之一。

　　又參加共產黨而犯懲治叛亂條例第二條第一項之罪，戡亂時期貪污治罪條例第四條至第五條之罪，戡亂時期肅清煙毒條例第五至九條、十四及十五條之罪，懲治盜匪條例第二條第一項，及陸海空軍刑法第八十四條之罪，刑法第二二三條、第二七一條第一項及第二七二條第一項之罪，均不予減刑。依甲類規定減刑之罪有:懲治叛亂條例

第二至七條之罪，戡亂時期貪污治罪條例第六、七條及第十三至十六條之罪，戡亂時期肅清煙毒條例第五至九條、第十四及十五條之罪，妨害國幣懲治條例第一條第三至五項、第二、三條之罪，懲治盜匪條例第二條第二、三項及第三至六條之罪。乙類規定應減刑之罪為前項以外依該條例應減刑之罪均屬之。

（七）民國七十七年一月十三日蔣總統經國先生逝世，舉國哀悼，為紀念其仁政德澤，遺愛在民，依法律規定程序，辦理中華民國七十七年罪犯減刑，立法院通過中華民國七十七年罪犯減刑條例，總統於七十七年四月二十日公布施行。該條例內容規定犯罪在中華民國七十七年一月三十日以前者，依下列規定減刑。甲類:死刑減為無期徒刑，無期徒刑減為有期徒刑十五年，有期徒刑、拘役或罰金減其刑期或金額三分之一。其罪有:懲治叛亂條例第二至七條之罪，戡亂時期貪污治罪條例第四至七條及第十三至十六條之罪，戡亂時期肅清煙毒條例第五至九條、第十四、十五條之罪，妨害國幣懲治條例第一條第三至五項、第二、三條之罪，懲治盜匪條例第二條第二、三項及第三至六條之罪，及陸海空軍刑法第八十四條之罪，刑法第二七一條第一項之罪。乙類:死刑減為無期徒刑，無期徒刑減為有期徒刑十年，有期徒刑、拘役或罰金減其刑期或金額二分之一。其罪則為甲類減刑以外之罪，依本條例應減刑者。

該條例第三條規定下列之罪，不予減刑，有：參加共

產黨而犯懲治叛亂條例第二條第一項之罪，懲治盜匪條例第二條第一項之罪，槍砲彈藥刀械管制條例第七條第三項之罪，刑法第二二三條及第二七二條第一項之罪，刑法第二七一條第一項之罪二次以上，一次行為犯刑法第二七一條第一項之罪而被害人二人以上。

　　民國七十七年罪犯減刑條例公布後，該條例施行首日（七十七年四月二十二日）釋放減刑人犯五九九三人，至七十七年十二月底共釋放一六〇二五人，其中於七十七年底經判決再犯罪者有三十五人，佔出獄總人數之百分之零點二二。

　　（八）為紀念民國八十年，予罪犯更新向善之機，依法令規定程序，經立法院通過「中華民國八十年罪犯減刑條例」，總統於七十九年十二月二十九日公布施行。該條例規定犯罪在中華民國七十九年十月三十一日以前者，依下列規定減刑。甲類：死刑減為無期徒刑，無期徒刑減為有期徒刑十五年，有期徒刑、拘役或罰金，減其刑期或金額三分之一。其罪有:戡亂時期貪污治罪條例第四至八條及第十三至十六條之罪，戡亂時期肅清煙毒條例第九條之罪，妨害國幣懲治條例第一條第三至五項及第二條之罪，懲治盜匪條例第四條第二項及第五條第二項之罪，刑法第二七一條第一項之罪，懲治走私條例第八條及第十條之罪。乙類:死刑減為無期徒刑，無期徒刑減為有期徒刑十年，有期徒刑、拘役或罰金減其刑期或金額二分之一。依乙類規定減刑之罪，為依甲類減刑以外之罪，依本條例應

減刑者。

　　該條例第三條規定下列之罪，不予減刑，有：懲治盜匪條例第二條第一項、第二項、第三條第一項、第二項、第四條第一項、第五條第一項及第六條之罪，槍砲彈藥刀械管制條例第七條第一項至第三項之罪，戡亂時期肅清煙毒條例第五條至第八條、第十四條及第十五條之罪，藥物藥商管理法第七十二條第一項、第二項及第七十三條第一項、第二項之罪，麻醉藥品管理條例第十三條之一第二項第一款、第二款之罪，妨害國家總動員懲罰暫行條例第五條第一項第一款違反或妨害依國家總動員法第十八條規定所發命令之罪，銀行法第一百二十五條之罪，妨害國幣懲治條例第三條之罪，陸海空軍刑法第八十四條之罪，曾犯刑法第一三五條第一項、第二項及第一三六條第一項前段之罪而再犯同一罪名者，刑法第一三五條第三項及第一三六條第一項後段、第二項、第一七三條第一項、第一七六條故意炸燬第一七三條之物、第二二一條至第二二三條、第二二五條第一項、第二二六條、第二七二條第一項、第二二九條第一項、第二七二條第一項、第二九八條第二項、第三三二條、第三三四條、第三四六條第一項、第二項及第三四八條之罪，刑法第二七一條第一項之罪二次以上，或一次犯刑法第二七一條第一項之罪而被害人二人以上，或被害人係依法執行職務之公務員。另該條例第五條第二項規定「曾受有期徒刑以上刑之宣告，已依中華民國七十七年罪犯減刑條例獲得減刑裁判確定後再犯罪者，不

得依本條例再予減刑，但因過失犯罪者，不在此限。」

　　民國八十年罪犯減刑條例公布後，該條例施行首日（八十年一月一日）釋放減刑人犯四六四三人，至八十年十二月底因減刑而出獄者共計一五二〇一人，其中至八十年底再犯罪經判決確定入監者有二〇八人，佔出獄總人數之百分之一點三七。

評

　　行政院用書面答覆立法委員卜少夫質詢建議考慮大赦一事，以為大赦的辦理，範圍既廣，效力亦大，一般認為足以損減法院裁判之效力，易啟不法之徒僥倖心理，造成犯罪案件之劇增，致不宜輕言大赦。

　　我國憲法第四十條規定，總統依法行使大赦、特赦、減刑及復權之權。而大赦之效力，是國家對於某時期某種類之全體人犯，不為刑之執行及追訴，使犯罪歸於消滅。是以大赦效力，對已受罪刑之宣告者，其宣告為無效，未受罪刑之宣告者，其追訴權消滅，視為未曾犯罪。其犯罪行為在法律上完全消滅。誠如行政院表示，範圍之大，效力亦大，其理甚明。

　　大赦權，無論在昔日君主國家，近代民主國家，均賦予元首此一權力，其目的在於感召祥和，對民示惠，或以行政救濟司法審判之窮，予犯人自新機會。更以社會觀點言，今日之犯罪，甚多為困於環境，陷於法網，在法或無可恕，於情仍有可原，使犯人得獲國家恩典，以勵新生。因之，甚多國家於重大慶典之際，公布大赦令。

　　行政院基於刑事政策之考慮，為保障人民合法權益，維持社會秩序，確保國家安全。加以我國從農業社會步入工業社會，結構的變化，犯罪案件，在質與量二方面，均發生重大改變，從個別到集體，偶發到遇謀，一時的轉向職業性的，智力的趨於暴力的，對社會危害日深，一旦大赦，不分類別、罪名、罪質，會產生嚴重的社會治安上的威脅，以目前不宜大放，確屬的論。

　　可是，於政府不考慮、大赦之餘，我們認為：為建國七十週年可以實施減刑，以示恩威併濟之仁政。民國六十年甲子年，曾辦理罪犯減刑，國人對斯次仁德之舉，猶感念不已。

　　減刑與大赦不同，它是對已受刑之宣告或已執行其刑之特定人犯，減輕其刑，其效力僅減輕或免除刑罰之一部，而非全部，且只能行之於判決確定或已執行以後。減刑有一般性的減刑與特別性的減刑。一般性的減刑，是對於某一時期或某一事件的全體罪犯，減輕其刑。特別性的是對於某特定已受刑之宣告，減輕其刑。減刑之效力是說犯罪者的刑罰仍然存在。

　　我國行憲後，曾於民國三十六年一月一日由前國民政府頒佈罪犯赦免減刑令，規定犯罪在民國三十五年十二月三十一日以前，其最重本刑為有期徒刑以下之刑者，均赦免之；其最重本刑為無期徒刑以上之刑者，亦分別減刑。但戰爭罪犯、懲治漢奸條例、懲治貪污條例、殺直系血親尊親屬、禁煙禁毒治罪條例等部份罪犯，均不赦免或減

刑。

　　民國六十年八月十六日　總統令示：今年為我中華民國開國六十年，我全國軍氏，應發揚辛亥革命之精神，共同致力反共復國之大業，政府尤宜對於偶蹈法網之罪犯，特施恩典，用啟其更新向善之機，除危害國家社會法益情節重大，及怙惡不悛者外，均可予以減刑。立法院通過中華民國六十年罪犯減刑條例，總統於六十年十月十日公布施行。為我國憲政史上另一次的減刑。

　　該條例規定犯罪在民國六十年八月十六日以前者，予以減刑。但懲治判亂條例、戡亂時期貪污治罪條例、戡亂時期肅清煙毒條例、盜匪及結夥搶劫罪、刑法及陸海空軍刑法部份罪名，不適用減刑之規定。

　　民國六十四年偉大領袖總統　蔣公不幸崩殂，舉世哀悼，全國悲痛。政府仰體　蔣公仁德愛民之遺志，乃決定實施減刑之仁政。依中華民國六十四年罪犯減刑條件規定，犯罪在六十四年四月十六日以前者減刑。但懲治判亂條例、戡亂時期貪污治罪條例、懲治盜匪條例、及刑法內部份罪名，不予減刑。

　　我們所以建議，大赦不宜辦理，減刑宜加考慮，因為減刑之罪名具有選擇性，可使元兇大怒，不致倖叨寬典。減刑對象，經判決確定罪名，刑期部份執行，刑罰仍然存在，而且據司法行政部統計，民國六十年減刑一萬四千六百八十二人，其中僅五百六十五人，再行犯罪入獄，為數甚微，不致影響治安，造成社會問題。

　　我國近數十年來，民主憲政奠基，經濟建設成就非凡，政府於社會安全與社會祥和均衡要求下，既不宜輕言大赦，倘能比照民國六十年辦理罪犯法刑，或為最適合需要之一途。

美國的仇恨犯罪與反仇恨犯罪

　　1988 年美國奧立岡州（ Oregon ）波特蘭市
（Portland）一個秋天的晚上，一名從依索比亞來美的學
生謝那（Mulugeta Seraw），被他人拋出車外。事實上，
Seraw 和他的非洲朋友，有充分理由認為，是經過他們的
一群光頭族（Skinheads）停車，吹著號角叫喊著種族主
義者所為。當時非洲年輕人以猥褻的手勢回應，光頭族抓
住他們，又予以痛打，不理其道歉的請求，並跳出車外用
球棒擊碎他們的車窗，彼此混戰不休，一非洲年輕人逃跑
後，Seraw 又被球棒打了一頓。

　　在法庭上，光頭族之一史提夫（Steve Strasser）形容
當時 Seraw 被打倒在地，開始呼救討饒，形如死亡的哭
泣，真令人無法遺忘。另一光頭族分子 Ken Mieske 直呼
殺死 Seraw，結果被判終身監禁以謀殺罪名定刑。

　　Seraw 案件令人恐怖的不單是謀殺犯罪，或其可怕的
行徑。驚人的是此一仇恨的行動，種族主義的猖狂，盲從
者會繼續採取仇恨行為，且可能發生在任何地方。這些仇
恨犯罪的的違法者可能是一些人或團體，這些團體因對其
他團體有所偏見而結合，稱之曰仇恨團體。

　　光頭族是仇恨團體的一個案例，仇恨團體存在已有多年，不幸的是目前尚無人站出來反對它，任其繼續的蔓延下去。何以我們必須重視仇恨團體的仇恨犯罪，因為仇恨團體的仇恨行為直接影響每一個人，以及整個社會。

　　仇恨組織藉由發行一些文件，散佈給每個人閱讀；購置電子媒體的時間，如廣播電台、電視台來傳播它的訊息；他們競選政府職位，運用大眾媒體，介入更多其他政府組織及宗教團體，這些使得仇恨團體得已具有全國性的影響力量。所以說：仇恨團體是一危險性極大的社會組織。

壹、仇恨犯罪問題

　　美國的三 K 黨（KU, KLUX, KLAN），亞利安黨（ARYAN NATIONS），尚有芝加哥白人北歐團（Chicago White Vikings），教會先趨黨（Church of the Creator），白人全國促進會（National Association for the Advancement of White People），少年炸彈客（Bomber Boys）是美國延年來較為人知的仇恨團體。

　　這些奇怪名字的團體會因為族群、宗教、性別、政治信仰、意識型態等因素而仇恨其他人，他們常將仇恨化為暴力。這些團體被視為白人優秀種族主義者，相信白人的優秀是超越其他種族。他們仇恨不屬於白人種族的人因而

被稱之為仇恨團體。

目前在美國大約有 350 個為人所知的白人優秀民族主義的團體，在歐洲也有其他團體存在。據知大約有 5000 名美國人加入三 K 黨，大概有 17000 名美國人屬於其他種族主義者的組織。這些組織的箭靶是那些他們認為不適合生存於美國的理想社會。他們的箭靶是多樣化的，在白人鄰居中，可能是一個黑人家庭。在少數族群的社區裡，其領袖可能是他的箭頭。仇恨團體是發生的謀殺案、爆炸事件、縱火犯罪、殺傷案件、恐嚇、騷擾舉動、流浪和其他犯罪的責任者。他們會發動遊行示威、集聚群眾、開會、討論和散佈傳單的主事者。

The Church of the Creator 是一個白人優越主義團體，其領導者 Ben Klassen 說：我們希望國家是非猶太人及黑人的國家。他的辦公室懸掛了一幅希特勒巨像，稱為白色人種前無古人最偉大的領袖。Klassen 所訓練的年輕追隨者，常常是十幾歲青少年，在他的教區內手持自動武器，並有火藥庫及半軍事化的營房。

The Church of the Creator 亦為其他仇恨團體一樣濫用暴力，收集武器及爆炸物，主持半軍事化的訓練。光頭族的主要武器是球棒，穿著釘有鋼釘的戰靴，訂有狂野和極端的暴動計劃。1993 年在洛杉磯有一個八人團體被逮捕，因為他們計畫日去殺害 rap 團體 Public Enemy 和 Rodney King 的成員。

The Church of the Creator 以吸收青少年會員為主，

Youth for hit1er, Youth Defense League, White Youthe League 及 United Aryan youth 等團體也是。I979 年 I2 個青少年穿著三 K 黨的服裝，燒毀一輛老舊校車，同時 Klan 團體在旁歡呼喝采。十幾歲少年接受如何使用武器的訓練，訓練地點為 Klan 黨在 Alabama 州的訓練營。

貳、關於仇恨組織

三 K 黨是美國最著名的仇恨組織，直到今日仍是最多人知道的。它是在美國南北戰爭之後，「再建設時代」成立的，由美國南方的貧窮白人和曾是農奴的地主所組成。其目的是運用恫嚇和謀殺所選出的黑人領袖，及重要的地方黑人領導者。

他們穿著白袍及尖頂的帽子，當夜間時在黑人家庭中出現，Klan 人員使用恐嚇、謀殺和縱火等手段，更有傷害、搶劫和謀殺等都是 Klan 人所為。議會因而通過特別法 anti-Klan Law。等到白人獲得控制多數南方各州，其黨羽數目及權力日益消弱。

Klan 消失不久又死灰復燃數次，使美國少數族群發生恐怖。這不是由於巧合，實因於社會變遷，歷史情況造成 Klan 又風雲際會變成權力者。其時因移民及民權運動，增加了人民的恐懼，某些人在此變遷中成為危險的一群，他們易於被 Klan 吸收成仇恨團體的成員，其活動也變得更

加暴戾。

一、不同的仇恨團體

　　全美有很多的仇恨組織，全世界亦是如此。一個在阿拉巴馬州蒙哥馬利市叫 lanwatch 的團體，他們是當地做鐵路軌道工程好手所組成的仇恨團體。以下是仇恨團體組織。

　　＊Identity（認同組織）是一個仇恨團體，他們稱自己是宗教組織，有教堂分布在 33 州及加拿大、英格蘭、南非和澳大利亞。此團體發表錯誤訊息，內容謂：猶太人是撒旦的子孫，只有盎格魯撒克遜人是上帝揀選的子民。

　　＊Separatists（隔離主義者）也被稱為 Nationalists，錯誤地認為白人應有自己與其他種族分隔的國家，少數族群有他們自己的國家。

　　＊Third Position（第三立場者）認為現在的政府「有太多猶太人和白種人的其他敵人」。

　　＊Racial Survivalists（種族生存主義者）他們信仰的是「戰爭」，且在種族之間存在著。為了作戰的準備，種族生存主義者常常是住在社區內，他們儲備武器及練習其使用方法。

　　＊Anti-Native American（反美國原住民）的團體，錯誤地相信美國原住民被給予很多的特權，他們甚至都是以種族主義為基本看法。此一仇恨團體聲稱，簡單的說，他們支持每個人都是平等。他們有許多錯誤導向的名字，

例 如 「 Interstate Congress for Equal Rights and
Responsibilities 」和「 Protect Americans, Rights and
Resources 」。這些團體幾乎都與白人優秀主義有關。
anti-Native American 有一樁案件是發生在 1988 年威斯康
辛州，當契帕互族（Chippewa）試著使用他們傳統用魚
叉捕魚的權利時，此一團體藉由丟炸藥、猛砍和來福槍射
擊，來阻止契帕互族傳統的魚叉捕魚法。

二、美國非白人仇恨組織

到目前為止，所有討論的仇恨團體，都是白人優秀主義者的團體，但是有些非白人主張種族主義的信仰者，散佈敵視與自己不同種族的訊息。一個有十四個會員的宗派，稱為 Yahwehs，是邁阿密 Black Hebrew Israelite 的組織，在 1990 年被控以謀殺，企圖謀殺，縱火和敲詐勒索等罪名而被捕。Yahwehs 相信猶太人不是真正的以色列的子孫，黑人才是。他們反對白種人，反對猶太人，在 Yahwehs 的通訊文件中說著「這是白人的謀略，必須要更正。」

三、仇恨團體成員

曾任三 K 黨高級領導人物的 David Duke，現已被選為路易士安那州的參議員，曾帶領很多新的追隨者，例如 Tom Martinez 加入 Klan，因為他衣著整齊，口才伶俐。有時仇恨團體的領導者傳遞訊息給媒體，使得能合理的發布出來。他們聲稱，他們僅僅是為了愛國以及努力於拯救美國人。James Farrands 是三 K 黨的隱形領導者，主張「我們沒有仇恨任何人，我們就是愛白種人。」這就是 Farrands 的團體成員為何會因多次暴力犯罪而被關進監獄，以及為什麼攜帶武器在身的原因。

透過大眾傳播媒介，仇恨團體吸引新的成員。他們運用公共電視、電腦服務和電話訊息紀錄等。他們也邀請群

眾集結和示威。

四、學校內的仇恨行為

Allison 知道在他的學校內，青少年團體於課餘時，在學校長廊闖蕩著，向戴著猶太帽青少年找麻煩。猶太青少年會回以奚落，叫喊其名字，有時甚至打過去。「基本上，你是這些團體的一分子，就要證明你是能打猶太小孩的冷酷角色」。

既是團體成員認定對方是敵對者，就會以暴力來做挑釁。假使你看到這事情發生，想想可能的理由。就像白人優越主義的團體，因為他們對自己的生活不滿，而怪罪於其他人，把怒氣在其他人身上發洩。

仇恨團體吸收學校內新人，學校是仇恨團體募集新人的所在。中等學校周圍是美國的仇恨團體散發訊息的地方，印刷品、小冊子、郵件，有時或教導學生用口頭傳播。北科羅利蘭州某一仇恨團體向年輕人宣傳說，他們應該打一些他人電話號碼去騷擾人家。一個協助愛滋病患者的女護理人員，接到上百次的騷擾電話，不勝其苦。警察和調查人員發現，幾乎所有電話是一些年輕人從學校內仇恨團體散發文件

中獲得的電話號碼。

喬治亞州麥迪遜縣在 I986 年代，三 K 黨在當地的公立學校顯得活躍。他們在校車內分發 Klan 團體的文件。學校附近舉辦遊行，甚至在校內對學生叫來叫去的命令

著。家長們非常憤怒，就決定去法院控訴。仇恨團體所以如此，是要證明 Klan 能令學生感到恐懼，造成學校的困難。法院命令 Klan 不能近學校 500 公尺以內。

五、世界各地的仇恨團體

美國不是唯一存有仇恨團體組織的國家，今日德國的仇恨團體，造成更多的問題。高失業率國家，會歸咎於新的移民，將怒氣及抱怨加諸於移民族群。1991 年在德國發生土耳其移民者房屋被燒毀，因而有數百人示威遊行，抗議種族主義者的暴力行為。

德國也是世界上有名的仇恨團體溫床，它有納粹黨，領導者是希特勒。從 1933 年到 1945 年統治德國期間，殺害猶太人、吉普賽人、同性戀者、外國人、殘障者、精神病者和其他。他們聲稱要建立美好的亞利安人社會。希特勒於 1924 年在獄中寫了一本自傳式的著作：「我的奮鬥」，內載：他指出德國問題在於猶太人和共產黨。又寫著應用恐怖手段和武力是獲得控制人民最佳方法。此書已道明了他的意圖及恐怖統治是後來十餘年執政手段。

在巴西也有仇恨團體的暴力事件。一個青少年幫會是 Rio 城稱為「滅他」團體，他們的對象是同性戀者。另一個光頭黨在 Sao Paulo 城，穿著上面寫「同性戀者去死」。光頭黨於瑞典也一樣，很多的移民工人，變成遭怨恨的對象。足球比賽之際，光頭黨為了吸收新黨員，傳出訊息，提供兩元剃光頭的服務。

參、仇恨行為因素

一、家庭的問題

　　仇恨團體有不同的年齡、背景和信仰，但是研究仇恨團體者發現：參加仇恨團體理由可以預測得到的，特別是某些青少年想加入團體中且像仇恨團體成員般受注意。他們來自於甚少得到注意和關心的家庭或家庭中沒有角色模範可給予他們引導學習。仇恨團體給予了「歸屬」的感覺，又錯誤扣教導他們因為身為白人，而比其他人優越，除此之外，很多仇恨團體的軍國主義結構，提供年輕人有權威和歸屬感。仇恨團體成員可能有家庭暴力的經驗，在家庭內學習到對他人施暴以作發洩的途徑。

　　Floyd Cochran 一位曾任 Aryan Nations 團體的高層成員，描述他的團體如何能夠招募許多都市白種年輕人，「他們參加白人優越主義運動，尋找屬於他們的地方和家庭。他們成長過程中未學習到承擔責任或負責的能力，當他們來到亞利安團體（Aryan Nations），他們被賦予組織的角色，被告知要做什麼。我們分發制服和布條給他們穿，過一陣兒以後，給他們其中一部份人名義及某些權力。」

二、低自尊（Low Self-esteem）

　　白人優秀主義者是：對於感到與自己不同的人，予以蔑視，突顯本身的優越感，掩藏內心失敗的自卑心理。基本上，他們對自己及其人生是不快樂的。Morris Dees 是一位南方貧窮法律扶助中心的執行長，形容典型的仇恨團體成員就像個"生命的失敗者"。他們可能很難找到好的職業，照顧家庭或維持穩定關係。對於這些問題他們會找某事來歸咎，當有人告訴他們猶太人、黑人或同性戀者是社會上問題的肇事者，他們聽進去了。他們有需求把問題的責任加諸於他人身上，尋找代罪羔羊，這就是何以有仇恨團體存在的原因。

　　「我沒有辦法找到工作，無錢支付生活所需，這些會觸怒了我‧。我聽說，黑人和其他少數族群，他們想得到工作就得到，我從未遇到過一次。其理由或許與我十年級時被退學的關係，才無法獲得一個像樣的工作。」這是曾為白種優越主義者 Tom Martinez 所描繪，何以將自己困難都歸咎於他人。他有一晚看電視，當看到 David Duke，一位高層級三 K 黨的領袖，訪問時指出「當 Duke 談到政府何以有錢購校車載黑人小孩上學，卻沒一分錢花在白人的工人階級上，我想，該死的，這傢伙是對的，這傢伙是對的，這傢伙是誰啊？」Martinez 寫信給 Duke 申請加入 Klan，Martinez 對於這樣的機會感到很興奮，對於能成為 Klan 成員這樣的權力更是興奮莫名。

三、學生的找人代罪心理

　　Kevin 走近學校走廊，內心害怕著去做數學的小考。他曾經多次缺席，感覺到他的數學不可能有好的成績，最後，的確他所懼怕的發生了，他的成績是 D。他的失望和憤怒在內心發酵，他佇立向窗外張看，外面正是足球練習，他看了相當一會。

　　今年他沒能多參加球隊，甚至於整個夏天都非常努力，就是這樣情況。在他左邊校園內，看到一群學生在賣蛋捲及餛飩，是慶祝中國新年的一景。Kevin 知道他們一群之中有部分是數學課班上的學生，「我打賭他們考的一定很好」他憤怒著。這些亞裔學生總是弄糟了成績曲線。

　　當他想到亞裔學生和亞裔學生把數學分數弄糟，使他成績為 D，Kevin 突然變成了解了自己無法參加足球隊的原因。他是白人，很多足球隊員是黑人，「球隊教練較喜歡黑人」，他想到就生氣。好像 Kevin 所有的問題都可以抱怨在其他人身上。他想到他的朋友 Alex，穿著光頭黨的衣服，談到"白人權力"那個意見，Kevin 思索著「假使白人在這兒被尊重，我將會過得好多了。」當他返抵家門，他就決定應該打電話給 A1eX，告訴要參加他的仇恨團體。

四、當心刻板印象

　　我們必須很小心的，不要假定認為典型的仇恨犯罪者

是什麼樣的型態。某些種族主義者是長髮披肩，仇恨犯罪團體成員並不是完全來自美國南部小城市，也不是都來自白人的勞動階級。某些是女性，某些曾受教育，他們散佈居住全國和全世界。William L. Pierce 是奧勒岡（Oregon）州立大學的物理學教授，亦為美國納粹黨黨魁。仇恨團體組織成員可能是從事很尊貴的工作，或者甚至於擔任公職，例如 David Duke，就是服務於路易士安那州立法局。

　　雖然三 K 黨開始於美國南方，今日的仇恨團體分布於美國各地。事實上，像加州、佛羅里達州、伊利諾州和賓夕凡尼亞州，都有很多仇恨團體存在。

肆、仇恨團體的音樂

　　種族主義者光頭黨是始於 1970 年代的英格蘭，1980年代後期，開展開來至美國。據估計在 34 州內有 3000 名光頭黨員，光頭黨的活動是年輕人的活動。大部分的年齡在 15 歲至 25 歲之間。事實上，光頭黨的組成都是在中等學校。光頭黨刻意的在外著上與一般人區別，他們剃光頭，納粹黨徽的刺青，鋼釘尖頭的馬靴，這些長筒靴就像球棒，是光頭黨用來攻擊被害者的武器。他們攻擊的對象有亞洲人、印度人、西班牙人、猶太人、同性戀者、白人自由主義者，他們對人攻擊時特別的兇殘，如波特蘭殺

手。

　　光頭黨所以出名就是因為他們暴戾的程度。自 1987年他們對 28 條命案負責，反謗聯盟（Anti-Defamation League of B'nai B'rith）稱他們為白人種族主義團體最凶暴的一群。

仇恨音樂：光頭搖滾樂

　　光頭黨有他們自己的音樂，稱為「白色權力」（White Power）或「Qi」音樂。大部分音樂來自英國及德國，Qi 音樂是一種重式抒情搖滾樂，散佈仇恨與暴力的訊息。Qi 音樂也是光頭黨的一種宣傳音樂，告訴人們有關他們心中仇恨原因的途徑。事實上，不像其他的仇恨團體使用出版自己的報紙和雜誌，光頭黨依賴音樂作為傳達方式。光頭黨的聚會常常是集合在屋內或俱樂部一起聽 Qi 音樂。

　　以下是 Qi 音樂的歌詞：

> 由於種族的侵擾，造成混亂的通貨膨脹
> 轉而致我們市場的衰敗
> 只有種族的優勢來中止敗相
> 它是唯一的對策
> 關閉了邊境
> 立下了新的條例
> 聚集所有武器，即刻向其宣戰
> 呼喚所有弟兄們　呼喚起所有弟兄們

為榮耀緊密連結起來

在城市內戰鬥　我們面臨生死的選擇

是白人，還是黑人，易加取捨

你們必須戰到最後

白人戰士

從以上激情的音樂和曲譜的詞句（白人戰士、鐵拳揮出、踢向頭顱、鮮血與榮譽），Qi 音樂美化了光頭黨暴力，光頭黨從音樂中感到興奮，準備好去尋求他的受害人。他們也喜歡將狂飲與音樂集合在一起，促使自己失去控制，為所欲為，暴戾殘忍，無所不用其極。

奇怪的是，來自英格蘭的原始光頭黨，在他們變成種族主義的團體之前，卻是牙買加的雷鬼搖擺樂的愛好者。之後，他們認為那是因為牙買加這地方人們的工作，也正被剝奪。

也有些是非種族主義的光頭黨，一樣地有自己的音樂。有一反對種族主義的光頭團體，稱為 SHARP（Skinheads Against Racist Prejudice），當他們提出欲求有利變更的期望時，就選擇戰鬥暴力的衝突，朝向種族主義的光頭黨。然而這並不是適當解決問題的方法，使用暴力來終止種族主義光頭黨，就如同傳遞可以使用暴力的訊息。種族主義的光頭黨須認知到應以其他途徑來解決問題，使用暴力是錯誤的。

伍、反仇恨犯罪

　　美國某些州制定法律，來禁止仇恨團體的行動，例如有十八個州限制燃燒十字架或其他象徵性的標幟。十六個州禁止 KJan 黨及其他暴力團體，限制他們頭戴尖帽，面蒙鬼魔的假面具及其他面罩。

　　二十七個州有制裁仇恨犯罪的特別法律，仇恨犯罪定義為：以歧視、偏見、損害的動機而犯罪，這種犯罪行為可能是個別的或團體的。多數的案例中，對仇恨犯罪的法律增加了刑期。假使證明了犯罪行為其動機起於偏見，就加重處罰。例如佛羅里達州棕呂灘郡，在 1992 年一名十四歲少年被逮捕，就是因噴了納粹黨徽狀的漆和在猶太教堂上貼新納粹宣傳單。由於佛羅里達州的仇恨犯罪法律，使法官對仇恨

　　犯罪案件有所作為，發揮了搶先的動作。法官不僅命令該少年償付清潔教堂的所有費用，同時令其閱讀有關猶太文化及納粹主義的歷史，指定該少年在一猶太人組織中，從事 100 小時社區服務工作。

　　某些人反對仇恨犯罪法律這樣的想法。他們謂人們不應因種族主義的思想而受罰，甚至假使這些思想導致他們從事犯罪。他們的論點是：犯罪應受到處罰而不是背後的思想。仇恨犯罪法律的爭論已上訴至最高法院。1993 年最高法院判決各州可以制定對仇恨犯罪較離譜的狀況加重

刑罰的法律。此一決定是基於威斯康辛州的仇恨犯罪法。此新聞振奮了想阻止仇恨犯罪的人們，因為這意味著仇恨團體將受阻，且於犯罪前要好好的考慮。

某些州的法律對械鬥的仇恨團體很有作用。例如很多州有制止侵入他人土地或住宅、擾亂他人或以冒犯的方式抵觸他人的法律。有時候，仇恨團體依據這些法律會受到追訴。

法律尚有其他途徑用作對付仇恨團體。有時百姓可以向法院控訴仇恨團體，這些訴訟可能成功的，因為打官司須付大筆費用。仇恨團體花越多的錢來打官司，就較少有錢用在文宣、舉辦會議及其他類活動上。在 Portland 的 Mulugeta Seraw 謀殺案件是一成功的案例，有效制止 Tom Metzger 和他的兒子 John 所領導的團體 White Aryan Resistance。Metzger 家人鼓勵 Portland 的光頭黨犯下暴力行動，事實上，在謀殺事件後，Tom Metzger 的電話錄音中讚揚光頭黨所做的一切。法院判定 Metzger 家應付 Seraw 家超過一千兩百萬美金的賠償費用．Tom Metzger 和他的兒子拍賣了他們所有的財產。此一判決的結果造成 Metzger 家再無能力繼續支持組織。

另一途徑是 Klanwatch 與仇恨團體的拼鬥，派遣自己團體成員到仇恨團體中出席會議的臥底方式。也有一些仇恨團體的人，佯裝同意和向 Klanwatch 報告仇恨團體正在做什麼，這些人被稱為眼線。

什麼是我們能做的?關於仇恨團體什麼是我能做的？

"但是我不是警察或律師"，你可能有如此想法。有好多的訊息顯示，很多是我們可以做的。事實上，因為有很多年輕人被仇恨團體散佈的消息所引誘，所以讓年輕人知道仇恨團體的危險性及阻止他們的方法是非常重要的事。

一、從自己開始

可以從自己開始。假使你首先就能從自己開始消除歧見，這就是制止對他人歧視的最佳例子。首先，須瞭解我們所存有的歧視，簡單的說，是因為接收從社會帶來的訊息。你可能已吸收到從你的家庭或朋友歧視他人的觀念。對這個歧視的再認知是擺脫它的重要一步，這一步是有些人從未採取的。自己省問自己一些問題，例如，當我看到一個其他種族的人，在街上朝我走來時，有何感覺?我是否自動地臆測關於他們的某些事？我是否感到受威脅？

注意你的朋友及你認識的人，他們是否與你有相同種族、地位或宗教的傾向。要開放你的胸襟去認識與你不同的朋友。

有一位年輕人，在美國是一個最大納粹青年人團體的領袖，他敘述著自己如何在十三歲時變成一個種族主義者，是因當時在學校內他被非裔美國男生毆打。此案例指出這種傷害是由於偏見所造成的。假使你被捲入此一歧視事件，或者你知道學校內有此事件，趕緊向老師、學校輔導員或父母通報。須瞭解到歧視事件可能造成永久的傷

害,除非受害者的情緒已處理了。

二、知識就是權威

你可能會發現參加一些文化活動或者閱讀有關文化的書籍是有幫助的,你對與你不同的人愈多了解,就會對他愈少的懼怕及不喜歡。你知道嗎?科學家們發現種族的人彼此間實際上與不同種族的人一樣的不同。知識是對付種族主義者的有效武器。

Floyd Cocharn 曾是 Aryan Nations 的成員,由於缺乏知識,使他成為種族主義者。我生長在紐約州的北部,那裡甚少黑人。我相信一般漫畫書所說的,白人製造黑人。即使你就像 Floyd Cocharn 一樣,住在缺乏少數種族的地區,並不味著你是刻板模式的人。假如你的學校設有其他文化的班級,去告訴老師或學校行政人員,增加某些不同文化的課程。美國南方一位最大的光頭族團體年輕領袖說:他在十六歲時閱讀一本稱為「二十世紀的騙局」內記載,二次世界大戰時納粹對猶太人的大屠殺從未發生(大屠殺是指希特勒和納粹有計畫的控訴和殘殺數百萬猶太人、吉普塞人、共產黨人、天主教徒及精神病人)認清了如此,甚至某些事,如大屠殺等,可能是明顯的在製造恐怖,所有事實並非每人皆知的。當你不能對任何其他人的教育負責,只能對自己負責時,你就能與他人分享你的知識。

南方貧窮法律中心有一計畫稱之為「教導容忍」,此

計畫是創設雜誌及錄音帶，目的在於幫助老師教導年輕人對抗偏見。計畫的目標是對不同背景的學生，增進了解與溝通。其理想為假使我們能教育年人如何與人相處，他們就會像成年人一樣彼此和諧生活在一起。

　　波士頓的反誹謗聯盟（Anti-Defamation League）決定運用年輕人的教育來反擊仇恨犯罪的問題，他們開始認識偏見的計畫，稱為 A World of Difference Institute。此計畫是對年青的仇恨犯罪者，判以出席二十小時的計劃活動，從事社區服務方案、參觀猶太教堂和黑人社區展覽會 Aaron 是一個毆打其他學生的罪行者，在種族衝突時以鉛筆為工具，然後他說：我知道每個人都像我一樣。這個計畫可以幫助我改變對其他種族的看法，它能開展我的視野。

三、建構社區防衛線

於一位名叫蒙哥馬利（Tony Montgomery）的非裔美人，被光頭族謀殺以後，學生們發現 Teens Against Racial Prejudice 這個團體。它是告訴學生們面臨社區內的種族主義者如何對付。"在我的學校，成人們從未談及蒙哥馬利的死訊……他們似乎不希望對種族主義者有任何對策，不希望面對在 Reno 所發生的事件。"人們可能不希望承認他們的社區內有種族主義者，假使你相信人們正忽視在你的城鎮內的種族主義者，小心的收集你的事證，閱讀地方新聞及報紙。你是否有感受到你有被歧視著？你知道關於這些人的什麼事嗎？

為社區早期建構防衛種族主義者的問題，是很重要的。要在仇恨團體存在之前，就著手進行，使得他們無法有呼招盲從者機會的優勢。假使仇恨團體來臨時，這個途徑是使社區內有更好的準備來戰鬥。記住！仇恨團體是在危機中成長。例如在緬因州的一個城鎮，因有公司辭退很多員工，很多人失去工作，這些失去工作的人就會抱怨這個失業問題罪在少數種族。Klan 即時來臨，燒著十字架並在城鎮舉行大會。當他們遇見一大群和平使者，包括「大屠殺生存者」等反仇恨團體的個人請願，他們會驚訝萬分。社區居民即決定他們不想也不需要 Klan 團體。

其他的案例，亦有社區對 Klan 團體說，不需要他們參與社區問題的解決。監視 Klan 的報告說，懼怕與沉

默，正是仇恨團體希望能在社區中所發現的。由從事相關工作的學生及社區工作者得知，你應明確做出你們既不是懼怕者，也不是沉默者。正因為仇恨團體可能在你的鎮內，擁有合法的遊行及示威權利，但它不是說你必須支持和任他們去做。

使仇恨團體成員看到、聽到和覺察到的是：

＊舉起牌子，告訴仇恨團體你的想法。

＊保持反遊行的姿態。

＊告訴地方或全國性的反仇恨組織，讓他們知道在你的地區所發生事件的發展情形。或許他們可以幫你組織起對抗仇恨團體的回應，或者他們可能希望過來幫你擺脫仇恨團體。

即使你從未看過或聽過仇恨團體，他們可能在你的地區內存在了。記住！與仇恨團體打交道，可能是非常危險的事。你們的主要責任是獲得情報，有所準備，放下手上工作，轉交給適當的負責當局。

四、學校內的反仇恨活動

莉達（Rita）不敢相信會在學校走廊內，看到這些含有挑撥口吻的海報或宣傳品，"你是否感覺到超量了"？她指著一張圖，上面有一個白人學生被亞裔、西班牙裔和非裔美國學生包圍著，並寫著"為你的權利而戰"！莉達知道她的學校內有很多少數種族的學生，且看來有越來越多的趨勢，因為新移民家庭遷入她的城市之故。對，沒

錯！有時會有挫折感，莉達會這樣想。老師有時候必須花額外時間，給那些不會講英語的學生。有時候學校還要用英語及西班牙語宣佈事項。有更多新的學生社團冒出來，如中國學生俱樂部、波多黎各學生俱樂部。

莉達並不在意這些改變，但她知道其他學生並非如此。莉達在長廊上看過的那些海報，讓有些學生感到沮喪，因而決定組織自己的團體 —— 一個白人學生的團體。在他們的聚會中，他們會道出對於學校有太多非白人學生的感受。取代為何會感到受這些新學生的威脅的話題，白人學生團體談的是有多麼痛恨這些學生，並想把他們趕出學校。莉達曾聽到某些白人學生甚至講到想變成光頭黨。

1.開始準備

假如你的學校內的學生想要成為仇恨團體成員，並希望在校園內舉行會議，想想看會發生什麼事呢？你是否知道學校行政人員或你的伙伴會如何回應？喬治亞州亞特蘭大市的民主革新中心（Center for Democratic Renewal）建議，學校應考慮在什麼情況下應採取如何的行動。以某些案件來說，學校可以限制什麼類型的團體，可在校內舉行會議，尤其是假使某一團體造成其他學生感到威脅或恐嚇時。

2.採取行動

假使你已經知道或懷疑到，有一學生仇恨團體在校內

舉行會議，你可以有幾個途徑來處理。其一是學校校園內此團體是否有舉行會議的權利。告訴校長或老師，關於此一團體的信仰和其活動。假使他們已準備好在校園內製造問題，或者你能證明他們正計劃製造問題，令其停止集會就不會是困難的事。

另一個途徑，校園內仇恨團體問題的處理，是直接找該團體下手，詢問團體領袖，他們為何如此憤怒。出席團體聚會，看看他們討論的是什麼，假如這樣做你感到舒服的話，以朋友相待。假如造成你的不安，離開聚會並告訴一個你可以信任的大人所發生的事。

3.參與在一起

對抗此一問題你可能會感到不舒服，其他的學生可能也有相同的感受。所以何不問問他們與你站同一陣線呢？聯合一起，你可以開始來組織一個反種族主義的團體。努力去將許多不同背景學生納入你的團體，假如你的學校沒有馬上處理校園內仇恨團體的問題，不要失去組織的機會，你可以開始籌組你們自己的反仇恨團體組織。其組織方案可能包括：在你的學校內或城鎮中有關宣導反歧視的團隊，馬丁路德的生日慶祝遊行，或者多文化電影節。學校如有報刊，你可以寫一封信給編輯或在社論欄討論有關校內歧視的專題。

4.增強自己反種族主義者的力量

你所做的事都是很重要的。Christina Davis-McCoy
是北卡羅拉州反種族主義及宗教暴行的執行長，"真是可
惜，對於學生沒獲得機會去採取須負責任的行動，有時會
有種無力感。年青人可以擔任打破此盲從循環的重要角
色。"

午輕人在某些地區已經領先。反種族歧視青年團
（Teens Against Racial Prejudice）在內華達州地區開始工
作。明尼蘇打州的 Minneapolis 已有"反種族主義行動聯
盟"，聯合了同性戀組織與校園其他社團對抗光頭黨。

北科羅拉州的對抗種族主義者與宗教暴行組織
（NCARRV），是一個深度運作的青年工作方案，稱為
"打破盲目循環"的組織。例如從 1990 年他們為年輕人
經營一個暑期方案，也直接走入學校，教導學生如果在校
內或社區中，遇有與仇恨團體相關的問題時該做什麼。

北科羅拉州的對抗種族主義者與宗教暴行組織
（NCARRV），集中焦點於給予年輕人充分權力與種族
主義者作戰。有時，根據該組織報告：校長或老師發現校
內友仇恨團體文件或知道校園內存有仇恨團體，卻裝不知
道。他們害怕假如讓其他人知道這個問題，會影響學校校
譽。當然，這樣將永遠無法解決問題，長遠來看，對學校
甚至是更壞的聲譽。有時候，年輕人將會是僅有的樂於採
取開端來行動的人。

陸、終結仇恨的故事

最後，可以肯定的說：解決仇恨團體肇事的問題，是一件有希望的事。再敘述故事作為證實，來結束此篇文章。人的仇恨是否可以改變?有很多案例告訴我們：是可以改變的。因為仇恨團體成員，他們離開了仇恨團體和轉變了自己的命運。LARRY Trapp 即是令人驚奇的故事，他原是 Nebraska 州 Lincoln 市的人，在三 K 黨是一條巨龍，所謂巨龍是指資深領袖。他曾打了很多電話威嚇 Michael 和 Julie Weisser 這對獨太夫妻，但是他沒收到所期待的回應。

接著令 Trapp 威到威脅的是，Weisser 這對夫婦決定要做他的朋友，當 Trapp 患了糖尿病，這一對猶太夫婦將他搬來到他們家中並照顧他。Trapp 脫離了三 K 黨，一年後，他就逝世了。

Floyd Cochran 離開 Aryan Nations 也是一個令人驚訝的故事。顯示出一個人能如此簡單證明種族主義者的愚蠢。Cochran 是在 Tennessee 幫助 Klan 黨招募新成員，他對 Klan 成員出示兩個兒子的照片，他們同黨的領袖注意到其中一個男孩患有先天性下顎分裂症，此一領袖聲稱此乃遺傳基因不完全的原因，將會導致死亡。

Cochran 開始思考，他兒子單純的生下來就如此，他沒有做任何壞事。Cochran 理解了就像他的兒子，不同種

族的人也是沒有做任何的錯事，天生就是如此。不同膚色
的人，他們是與生俱來的。Cochran 後來認為仇恨他人是
錯的想法，自從他脫離了仇恨團體，現在他變成反仇恨團
體行動者，參與為人權奮鬥的健將。

　　這些具有希望的故事，說明了仇恨團體成員是人，人
都有潛在的改變的天性。人不是天生的仇恨劣根性，他們
可以學習人類共生的習性。你可幫助其他的同年齡年輕
人，學習仇恨是件錯誤的想法，你可以幫助你同學校或同
社區的青少年與仇恨作戰。仇恨在世界上有很長的歷史，
但是假使我們共同的解決此一問題，我們就能使仇恨成為
過去。馬丁路德金曾說"任何地方的不正義是每一地方正
義的威脅。"

　　或者，你會感到你所能做的，似乎無法為世界其他地
方有什麼真正幫助，但是，你做了。每一小步帶來了對每
一人、每一地方與正義的目標更接近些。

參考書目：

Applebome, Peter. "Skinhead Violence Grows, Experts Say." New Your Times, July 18, 1993.

Bullard, Sara, Ed. *The Ku Klux Klan: A History of Racism and Violence.* Montgomery, Alabama: Klanwatch, 1991.

Centerfor Democratic Renewal. *When Hate Groups Come to Town: A Handbook of Effective Community*

Responses. Montgomery, Alabama; Black Belt Press,1992.

Grunsell, Angela. *Let's Talk About Racism.* New York: Gloucester Press,1911.

Gysin, Catherine. "Young White Racists." Sassy, March 1989.

Klanwatch Project of the Southern Poverty Law Center. *Hate, Violence, and White Supremacy.* Montgomery, Alabama,1989.

Osborn, Kevin. *Tolerance,*rev. ed. New York: Rosen Publishing Group,1993.

出版著作及期刊

書籍類

周震歐（1969），《少年犯罪與觀護制度》。臺北市：中國學術著作獎助委員會。

周震歐（1971，《犯罪心理學》。臺北市：中央警官學校。

周震歐、鄭心雄、廖榮利合著（1976），《青年領導概念及領導能力調查研究》。台北市：幼獅文化。

周震歐（1977），《邁向已開發國家的犯罪問題》。臺北市：幼獅文化。

周震歐（1981），《詐欺犯罪之研究》。台北市：法務部犯罪問題研究中心。

周震歐研究主持　簡茂發、葉重新、高金桂協同研究（1982）《臺灣地區男性少年犯罪與親職病理的研究》。臺北市：桂冠圖書。

周震歐、趙文藝研究主持（1982），《電動玩具的震械 ── 青少年使用電動玩具狀況及其對學業操行影響之調查研究（以臺北市國中男生為例）》。臺北市：臺北市

青少年兒童福利學會，文化大學兒童福利研究所。

周震歐（1983），《青少年犯罪心理與預防》。臺北市：百科文化。

周震歐（1985），《少年犯罪社區防治之研究》。台北市：台北市政府研究發展考核委員會。

周震歐、趙文藝主持李德高、黃志成研究（1985），《服刑期滿青少年職業需求及輔導狀況之研究》。臺北市：行政院青輔會。

周震歐（1986），《少年之家取向 —— 設施及活動之研究：以台北市社區為例》。臺北市：臺北市政府研究發展考核委員會。

周震歐研究主持　李安妮、趙碧華研究（1986），《我國青年福利服務工作之綜合規劃研究》。台北市：行政院青年輔導委員會。

周震歐、江麗莉、劉曉秋合著（1987），《從高年級學童眼中看台北市交通狀況 —— 促使正視改善交通秩序的重要性》。臺北市：中國文化大學（兒童福利研究所，青少年兒童福利學系）。

周震歐、江麗莉主持（1989），《學齡前兒童利社會行為與角色取替能力之發展研究》。台北市：行政院國科會科資中心。

周震歐（1992），《兒童福利》。臺北市：巨流。

周震歐主持　趙碧華協同主持（1993），《青年輔導工作法制化之研究》。臺北市：行政院青年輔導委員

會。

周震歐（1993），《犯罪社會學》。臺北市：黎明文化出版。

周震歐、陳宇嘉、邱方晞共同研究主持（1994），《少年福利需求初步評估報告 —— 邁向二十一世紀社會福利之規劃與整合》。臺北市：內政部。

周震歐研究主持　趙碧華協同主持（1995），《少年逃學、逃家行為社會心理因素推力扛力之實徵研究》。臺北市：教育部訓育委員會。

周震歐研究主持趙碧華協同主持（1999），《青少年輔導中心（中途之家 —— 少年之家）服務體系整體規劃之研究》。臺北市：教育部訓育委員會。

期刊資料

周震歐（1987），〈現代犯罪學理論發展〉。《刑事法雜誌》，31（2）：24-31。

周震歐（1987）〈犯罪學標籤理論與社會工作〉。《刑事法雜誌》，31（4）：1-15。

周震歐（1987），重刊〈淮陰風土記〉序。《江蘇文獻》43：63-64。

周震歐等（1987），〈我國青年福利服務工作之綜合規劃研究〉。《青少年兒童福利學刊》，10：3-15。

周震歐（1988），〈兒童犯罪問題之探討〉。《社區發展季刊》，41：8-11。

周震歐（1989），〈犯罪學社會反應理論之探討〉。《刑事法雜誌》，33（2）：61-80。

周震歐（1989），〈少年犯罪社會反應理論之探討〉。《青少年兒童福利學報》1：59-73。

周震歐等（1989），〈學齡前兒童角色取替能力之發展研究〉。《青少年充童福利學報》，1：1-25。

周震歐（1990），〈犯罪社會學功能學派之探討〉。《刑事法雜誌》，34（1）：7-18。

周震歐（1991），〈如何研訂完備輔導法令，奠定青年工作基礎〉。《青少年兒童福利學刊》，14：3-6。

周震歐（1991），〈從安非他命探討藥物濫用問題〉。《教師天地》51：4-6。

周震歐、廖榮利（1992），〈臺灣一個青年反社會行為之個案研究——生物、心理社會面之探究〉。《社會學與社會工作》9：114-142。

周震歐、李淑娟（1992），〈變遷社會中的幼兒教育〉。《教育研究》，25：13-18。

周震歐（1993），〈青少年犯罪的社區處遇〉。《社區發展季刊》82：41-48。

周震歐（1994），〈少年庇護服務設施類型之探討〉。《社會建設》，87：65-69。

周震歐（1994），〈少年犯罪與兒童被虐待關係及其防治之道〉。《學生輔導通訊》，32：40-43。

周震歐（1994），〈少年犯罪原因淺論〉。《教師

天地》，69：14-18。

周震歐（1994），〈青少年中途之家需求評估與輔導中心之建構〉。《社會建設》，86：33-39。

周震歐（1994），〈現代社會變遷中家庭與少年犯罪關係之探討〉。《刑事法雜誌》38（3）：1-12。

周震歐、趙碧華（1994），〈少年庇護服務中心（中途之家）── 社區處遇方式之探討〉。《東吳社會學報》，3：199-216。

周震歐（1995），〈青少年犯罪社區處遇及其效果之探討〉。《社會建設》，91：50-56。

周震歐（1995），〈社區少年逃學、逃家行為問題之探討〉。《社會建設》，90：28-34。

周震歐、趙碧華（1996），〈青少年逃學逃家行為的社會心理因素分析〉。《犯罪學期刊》，2：79-98。

周震歐（1997），〈中國大陸老人福利工作〉。《華岡社科學報》，12：249-262。

周震歐（1997），〈我國更生保護事業之展望〉。《犯罪學期刊》，3：1-11。

周震歐（1998），〈青少年犯罪防治〉。《教育研究》，59：6-31。

政府出版品刊物

周震歐，趙文芸（1984），《服刑期滿青少年職業需求及輔導狀況之研究》。臺北市：行政院青年輔導委員

會第四處。

　　周震歐（1988），《林宗誠等暴力犯罪專案研究》。臺北市：臺北市政府研究發展考核委員會。

　　周震歐主持　趙碧華協同主持（1993），《青年輔導工作法制化之研究》。臺北市：行政院青年輔導委員會。

　　周震歐研究主持　趙碧華共同主持（1995），《少年逃學、逃家行為社會心理因素推力拉力之實徵研究》。臺北市：教育部訓育委員會。

　　周震歐研究主持　趙碧華協同主持中國文化大學社會工作學系執行（1999），《青少年輔導中心（中途之家一少年之家）服務體系整體規劃之研究》。臺北市：教育部訓育委員會。

大　事　記

民國 16 年 9 月 16 日 （1927）	出生於江蘇省淮陰縣南武鄉周注。
民國 22 年 5 月 （1933）	就讀淮陰縣立福田菴初級小學。
民國 26 年 7 月 （1937）	就讀於淮陰城內淮陰縣立安樂巷小學。
民國 27 年 7 月 （1938）	就讀於江蘇省立龍爪樹師範學校附屬小學。
民國 28 年 8 月 （1939）	就讀江蘇省鹽城縣立宋村小學畢業。
民國 29 年 8 月 （1940）	就讀江蘇省第二臨時師範學校初中部，地址在鹽城時陽注。
民國 30 年 8 月 （1941）	就讀江蘇省立第八臨時高級中學初中部，地址在淮安縣黃蕩鄉。
民國 33 年 （1944）	就讀江蘇省立淮陰師範學校高中部，在淮陰城內。
民國 34 年 （1945）	就讀南京市立第五臨時中學高中部，南京市。
民國 34 年 9 月 （1945）	考入中央警官學校監獄官專修班九月入學。
民國 36 年 9 月	中央警官學校正科十八期監獄組畢業。

（1947）	
民國 36 年 11 月 1 日 （1947）	司法行政部派至臺灣臺北監獄實習。
民國 36 年 12 月 15 日 （1947）	奉臺灣高等法院令代理臺灣台南監獄看守長。
民國 37 年 5 月 31 日 （1948）	調派代理臺灣宜蘭監獄作業課長。
民國 38 年 4 月 29 日 （1949）	調派代理臺灣臺中監獄課長。
民國 40 年 3 月 9 日 （1951）	調派臺灣臺中監獄主任教誨師。
民國 40 年 1 月 10 日 （1951）	在臺中市沁園春飯店與闞石蘭女士結婚。
民國 40 年 8 月 （1951）	奉令參加司法行政部司法人員訓練班監獄官組受訓第一名結業。
民國 40 年 12 月 26 日 （1951）	調派代理台南監獄主任教誨師兼課長。
民國 41 年 1 月 14 日 （1952）	調台南監獄作業課長。
民國 41 年 7 月 2 日 （1952）	升任臺灣台南地方法院看守所所長。
民國 42 年 8 月 9 日 （1953）	調兼台灣高等法院監所管理人員訓練班訓導組長。
民國 43 年 2 月 9 日 （1954）	調升代理臺灣花蓮監獄典獄長。
民國 44 年 8 月 （1955）	蔣經國先生蒞臨花蓮監獄參觀得以晉見。
民國 45 年 4 月 13 日	調派代理臺灣臺北地方法院看守所所長。

（1956）	
民國 45 年 10 月 （1956）	蔣經國副秘書長蒞臨台北地院看守所參觀 又獲晉見。
民國 46 年 2 月 （1957）	考試院特種考試乙等考試軍法官考試及 格。
民國 46 年 12 月 （1957）	獲得全國公務人員特保特優人員獲蔣中正 總統召見。
民國 47 年 6 月 20 日 （1958）	調派代理臺灣台南監獄典獄長。
民國 49 年 12 月 1 日 （1960）	再獲得全國公務人員特保特優人員蒙蔣中 正總統召見。
民國 51 年 1 月 12 日 （1962）	准予出國進修調代理司法行政部專員。
民國 51 年 1 月 16 日 （1962）	美國佛羅里達州立大學社會福利學院犯罪 學暨矯正學系就讀。
民國 53 年 4 月 18 日 （1964）	美國佛羅里達州立大學畢業獲學士學位。
民國 54 年 1 月 10 日 （1965）	由美國乘機經舊金山參觀聖昆頓監獄復返 台回部報到。
民國 54 年 1 月 13 日 （1965）	派代理司法行政部秘書在秘書室服務。
民國 54 年 9 月 15 日 （1965）	兼任國立臺灣大學社會學系講師（少年犯 罪與觀護制度） 兼國立中興大學法商學院社會學系（人類 行為與社會環境） 兼中央警官學校獄政系（集體療法）。
民國 54 年 10 月 （1965）	考試院五十四年特種考試乙等考試警察行 政人員典試委員。

民國 55 年 7 月 （1966）	奉令以司法行政部秘書兼任臺灣高等法院監獄科主任。
民國 56 年 2 月 （1967）	奉派參加聯合國遠東暨亞洲地區預防犯罪暨罪犯處遇研究院獄政研習會在日本東京府中市，為期三月。
民國 56 年 9 月 2 日 （1967）	調派任臺灣新竹少年監獄典獄長。
民國 56 年 10 月 1 日 （1967）	新竹少年監獄少年受刑人甄試教育改制為全日授課。
民國 57 年 1 月 11 日 （1968）	創辦「犯罪與矯治」學刊在臺灣省臺北市發行。
民國 57 年 3 月 4 日 （1968）	調任臺灣臺北監獄典獄長。
民國 58 年 7 月 9 日 （1969）	升任臺灣臺北監獄簡任典獄長。
民國 59 年 8 月 8 日 （1970）	奉派為中華民國出席聯合國防止犯罪及犯罪處遇會議第四屆會議副代表在日本大阪舉行。
民國 60 年 7 月 （1971）	蔣院長經國先生來臺灣臺北監獄慰問在監受刑人，並召吳伯雄先生來典獄長室見面。
民國 62 年 3 月 （1973）	受聘為考試院六十二年特種考試公務人員甲等考試著作審查委員。
民國 63 年 3 月 11 日 （1974）	調任司法行政部簡派專門委員。
民國 63 年 8 月 1 日 （1974）	中央警官學校專任教授兼犯罪預防學系及獄政學系系主任。
民國 64 年 8 月 1 日	中央警官學校犯罪防治系主任。

（1975）	
民國 64 年 9 月 （1975）	教育部依大學及獨立學院教師資格審查規程合於教授資格頒發教字第二一九四號證書。
民國 66 年 8 月 31 日 （1977）	奉派代表中華民國出席國際刑警組織年會在瑞典首都斯德哥爾摩舉行。
民國 69 年 7 月 31 日 （1980）	中央警官學校教授退休。
民國 69 年 8 月 1 日 （1980）	接任中國文化大學青少年充童福利系系主任暨兒童福利研究所所長。
民國 70 年 8 月 8 日 （1981）	考試院聘為七十年特種考試公務人員甲等考試口試委員。
民國 70 年 8 月 31 日 （1981）	參加國際社會福利協會會議在印度孟買舉行。
民國 71 年 8 月 1 日 （1982）	接任中國文化大學夜間部社會工作學系系主任。
民國 73 年 6 月 20 日 （1984）	出席國際社會福利會議第二十二屆年會在加拿大蒙特婁舉行。
民國 74 年 10 月 （1985）	登列中華民國當代名人錄（第五冊二五二六頁），臺灣中華書局出版。
民國 75 年 4 月 5 日 （1986）	當選國際社會福利協會中華民國委員會第七屆執行委員。
民國 75 年 8 月 1 日 （1986）	又回校本部接任中國文化大學兒童福利研究所所長暨青少年兒童福利系系主任兼任夜間部社會工作學系主任。
民國 75 年 8 月 31 日 （1986）	參加國際社會福利協會中國代表團出席在日本東京召開第二十三屆年會。
民國 76 年 5 月 24 日	任民眾日報主筆，參加民眾日報韓國新聞

（1987）	界訪問團，前往漢城訪問。
民國 76 年 9 月 20 日 （1987）	中央警官學校正科十八期畢業四十週年，寫「四十年後的評估」一文。
民國 77 年 3 月 17 日 （1988）	當選國際社會福利協會中華民國總會第一屆理事。
民國 78 年 12 月 4 日 （1989）	參加香港社會服務聯會舉辦「國際青年研討會」在香港舉行。
民國 79 年 6 月 24 日 （1990）	參加國際社會福利協會第二十五屆年會，在北非摩洛哥首都‧烏拉加許市舉行。
民國 79 年 10 月 （1990）	應大陸外交部邀請出席亞洲運動會在北京開幕，內子闞石蘭同行並返家鄉淮陰探親。
民國 80 年 4 月 13 日 （1991）	當選國際社會福利協會中華民國總會第二屆理事。
民國 80 年 4 月 22 日 （1991）	出席在香港召開之「青少年與法律」國際研討會，擔任我國代表團副團長，因饒穎奇團長提前返台代理團長。
民國 80 年 6 月 28 日 （1991）	獲美國國際大學社會學博士學位，美國密蘇里州，獨立城。
民國 81 年 7 月 12 日 （1992）	出席在美國華盛頓首府舉行國際社會福利協會研討會及國際社會工作教育協會年會。
民國 81 年 8 月 1 日 （1992）	專任中國文化大學社會工作學系教授兼系主任。
民國 83 年 3 月 （1994）	登載中華民國現代名人錄（中、英文版），中國名人傳記中心出版。
民國 83 年 12 月 1 日 （1994）	籌組中華民國犯罪學學會成立，當選為創會理事長。

民國 85 年 7 月 7 日（1996）	籌組中華民國犯罪矯正協會成立，當選為創會理事長。
民國 85 年 7 月 31 日（1996）	再自中國文化大學屆齡七十歲退休。
民國 85 年 8 月 1 日（1996）	中國文化大學繼續聘任社會工作學系教授兼系主任。
民國 86 年（1997）	出席美國矯正協會 127 屆年會代表中華民國犯罪矯正協會，在美國佛羅里達州真蘭多城，發表「台灣外籍人犯處遇問題」為題演講。
民國 86 年 9 月 24 日（1997）	中央警官學校正科十八期畢業五十週年窩「影響我一生的字句」一文。
民國 89 年 1 月 20 日（2000）	籌組財團法人犯罪矯正發展基金會成立，選任創會董事長。
民國 90 年 8 月 1 日（2001）	繼續受聘中國文化大學社會福利學系專任教授。
民國 91 年 1 月 31 日（2002）	屆齡七十五歲，自中國文化大學退休。改聘為社會福利學系兼任教授。
民國 93 年 9 月 1 日（2004）	獲選為中央警察大學第一屆傑出校友獎。